乡贤文化丛书

乡贤文化丛书

乡党有德泽教化

——万历三贤话吕坤

卫绍生 廉朴 主编

杨波 著

中原出版传媒集团
中原传媒股份公司

大象出版社
·郑州·

图书在版编目(CIP)数据

乡党有德泽教化：万历三贤话吕坤 / 杨波著.— 郑州：大象出版社，2018. 8
(乡贤文化丛书 / 卫绍生，廉朴主编. 第一辑)
ISBN 978-7-5347-9765-1

Ⅰ.①乡… Ⅱ.①杨… Ⅲ.①吕坤（1536-1618）—生平事迹 Ⅳ.①B248. 92

中国版本图书馆 CIP 数据核字(2018)第 071705 号

乡贤文化丛书
卫绍生　廉朴　主编
XIANGDANG YOUDE ZE JIAOHUA
乡党有德泽教化
——万历三贤话吕坤
杨　波　著

出 版 人　王刘纯
总 策 划　郑强胜
责任编辑　李晓媚
责任校对　安德华
装帧设计　王莉娟

出版发行　大象出版社(郑州市开元路 16 号　邮政编码 450044)
发行科　0371-63863551　总编室　0371-65597936
网　　址　www.daxiang.cn
印　　刷　洛阳和众印刷有限公司
经　　销　各地新华书店经销
开　　本　787mm×1092mm　1/16
印　　张　12.25
字　　数　149 千字
版　　次　2018 年 8 月第 1 版　2018 年 8 月第 1 次印刷
定　　价　30.00 元
若发现印、装质量问题，影响阅读，请与承印厂联系调换。
印厂地址　洛阳市高新区丰华路三号
邮政编码　471003　　电话　0379-64606268

总序

“乡贤”，这一古老的称呼已经淡出人们的视野很久了。

党的十八大以来，乡贤重新进入人们的视野，成为人们热议的话题。中共中央、国务院2015年颁布的《关于加大改革创新力度加快农业现代化建设的若干意见》中明确指出，要“创新乡贤文化，弘扬善行义举，以乡情乡愁为纽带吸引和凝聚各方人士支持家乡建设，传承乡村文明”。在中共中央、国务院的文件里提到乡贤和乡贤文化，这应该是首次，它表明作为中国优秀传统文化重要组成部分的乡贤文化，既是传承乡村文明的重要内容，也是新时期农村文化建设的重要内容。但是，由于乡贤和乡贤文化淡出人们视线已久，在这一概念重新被提出来的时候，许多人并不明白什么是乡贤，什么是乡贤文化，更不知道如何传承和弘扬乡贤文化。鉴于此，有必要对乡贤称谓、乡贤之说的起源、乡贤对中国乡村的作用与意义、乡贤文化包含哪些内容等，作简要回答。

何谓乡贤？按照通常的解释，乡贤是指那些道德品行高尚同时又对乡村建设有过贡献的人。这里包含两个层面的意思：一是道德品行高尚，二是对家乡建设作出过贡献。但如果仅仅是道德品行高尚，满足于个人修身齐家、独善己身、洁身自好，很少关心乡里乡亲，很少对乡梓作出过贡献，那么，这样的人只能称为乡隐，而不能称为乡贤。乡贤既应是道德为人敬仰、行为堪称模范的人，更应是为家乡作出过一定贡献的人。不论是教书育人、传承文化、制定乡约、调解邻里矛盾，还是乐善好施、修桥铺路、接济乡人，举凡一切有益于乡里乡亲的事情，他们总是满腔热情，乐做善为。对乡村建设的贡献，是乡贤的必备条件。如果对家乡父老没有什么贡献可言，何以成为乡贤？看一看汉魏六朝出现的一些记述各地乡贤的著作，如《汝南先贤传》《陈留耆旧传》《襄阳耆旧记》《鲁国先贤传》《楚国先贤传》等，其中记载的各地乡贤，不仅在道德、学问、修养、名望等方面为人称颂，成为时人敬仰的楷模，而且都是对家乡作出过贡献的人。他们能入各种乡贤传，绝非浪得虚名。

乡贤之说起源于何时？乡贤很早就存在于中国的乡村，但乡贤之说却是在东汉中后期才逐渐流行起来的。东汉中后期，随着一些世家大族的崛起，各个郡国都热衷于撰写乡贤传记，表彰那些曾经为当地经济、社会、文化发展作出过贡献的贤人雅士。东汉以后，世家大族成为维持中国乡村社会稳定的重要力量，涌现出许多被后人称为乡贤的人物，他们对当时的社会，乃至对中国历史文化都产生了重要影响。作为乡村精英的乡贤，在乡村治理、乡村教育等方面可补政府治理之不足，发挥了政府无法起到的重要作用。一些人看到了乡贤对社会发展的积极作用，把所属郡国那些有影响的人物事迹记录下来，于是出现了所谓的“郡书”。唐代史学家刘知幾在谈到这类著作时说：“郡书者，矜其乡贤，美其邦族，施于本国，颇得流行；置于他方，罕闻爱异。其有如常璩之详审，刘昞之该博，而能传诸不朽、见美来裔者，盖无几焉。”（刘知幾：《史通》卷十《内篇·杂述》）刘知幾是较早关注到乡贤类著作的史学家，他认为，乡贤类著作都是“矜其乡贤，美其邦族”，因而在当地比较流行，而到了其他地方，知道的人就很少了。在谈到东汉史书繁盛的原因时，刘知幾再次提到了乡贤：“降及东京，作者弥众。至如名邦大都，地富才良，高门甲族，代多髦俊。邑老乡贤，竞为别录。家牒宗谱，各成私传。于是笔削所采，闻见益多。此中兴之史，所以又广于《前汉》也。”（刘知幾：《史通》卷九《内篇·烦省》）刘知幾虽然没有对乡贤作出解释，但他把“邑老乡贤”与“高门甲族”相提并论，表明他已经把“邑老乡贤”与“高门甲族”放在同一个层级上，充分肯定了“邑老乡贤”的历史地位与作用。

乡贤对中国乡村有怎样的作用与意义呢？乡贤在乡村建设中的作用是多方面的。他们不仅热衷于乡村治理和乡村教育，而且乐善好施、造福乡里。乡贤一般都是受过良好教育的人，他们是乡里有知识、有影响的人物，经济实力往往要比一般村民好一些。他们有能力也有意愿造福桑梓，所以常常在乡村建设上主动作为，只要是力所能及，他们一般不会推辞。在乡村治理方面，乡贤往往身兼管理者、参与者、协调者等多重角色，必要的时候，他们也可以发挥上情下达或下情上传的作用，成为联系乡亲和政府的桥梁与纽带。在调解邻里冲突和乡人矛盾上，他们不会以势压人，而是以理服人，注重多方协调和沟通，注重平衡各方利益。所以，在乡村治理方面，乡贤是农耕文明时期中国乡村社会稳定的重要因素。

在乡村教育方面，乡贤的作用更是不可小觑。乡贤大多是饱读诗书之人，他们深知文化知识对于人们的生存、生活、成长和发展至关重要，所以他们非常重视教育，尤其重视启蒙教育和家庭教育。他们中的许多人自觉地担负起教育自家子弟和乡里子弟的重任，有不少人开私塾，并兼任私塾先生。虽然有的人也接受一些“束脩”，但总体来说，义务教书的情况较为常见。他们是乡村的“先生”，是传授文化知识的人，是教人向善的人。在善行义举方面，乡贤更是乐善好施的代名词。他们愿意帮助别人，勇于助困济人，乐于接济生活困难的乡亲。如东汉末年颍川郡著名乡贤陈寔，道德高尚，知书达理，处事公正，待人公平，为乡里所推重。乡里发生了纠纷，人们不去求官府，而是去找陈寔，请求他明断是非。只要是陈寔评的理、判的是非曲直，人们都欣然接受，没有什么怨言，以至于乡人都说：“宁为刑罚所加，不为陈君所短。”陈寔还乐善好施，遇上灾年的时候，乡亲们缺吃少穿，他就接济他们。大灾之年，陈寔的善举不仅挽救了那些一时糊涂的人，而且教化了乡党，纯洁了世风。当然，更多的乡贤是靠他们的智慧和财富造福乡里，为乡亲做好事，譬如常见的修桥铺路、接济穷困等助人为乐之事。在乡村治理结构尚不完备的中国传统社会，乡贤在文化教育、乡村治理、乡村建设等方面，都起到了政府所起不到的作用。他们是中国传统乡村超稳定结构的基石，也是推动乡村发展的动力。

对于乡贤，我们应该历史地来看，既要看到他们在乡村文化教育、乡村治理、乡村建设等方面的积极作用，也要看到他们对中国传统乡村超稳定结构的固化作用。乡村是农业社会的基础，也是各级政权的基础。但是，在中国传统社会，权力不下郡县，县级政权成为封建社会的基层政权，县令或县长通常都是七品官甚至是从七品官，县丞、县尉的级别就更低了。国家行政机构设置到县级，县以下是乡和里。乡和里的治理则借重民间力量，乡长和里长大多是由当地德高望重的长者或望族的族长担任，他们没有官位，不吃皇粮，不领俸禄，只是负责维持当地的秩序，帮助地方政府做一些诸如征收税赋、摊派徭役、管理户籍、教化民众之类的事情。但在乡村治理及文化教育等方面，乡长、里长则常常要借重乡贤的力量，因为乡贤有文化、有见识、有影响力，甚至还有财力。当乡贤与乡里管理者相向而行、勠力同心的时候，乡里就会稳定，乡村治理就比较顺畅。这个时候，乡贤的作用就得到了充分发挥。乡贤在某种意义上成了乡村治理的标杆，成为乡人敬仰和追慕的对象。但是，由于乡贤所受的教育不同，他们的理想、信念、追求也各有差异，因此，他们中的许多人不愿意与当权者同流合污，更看不惯权豪势要欺辱压榨百姓，往往是特立独行者和孤独求道者，但他们依然坚持用自己的方式服务乡里，造福百姓。如许劭主持汝南“月旦评”，大力奖掖和提携汝南才俊，评点天下名士，成为汉末继郭泰之后的清议领袖。他不应朝廷征辟，谢绝高官厚禄，以“局外人”的身份品评人物，客观公正，令人信服。又如吃尽文盲苦头的武训，穷且益坚，不坠青云之志，行乞办学，创办崇贤义塾，让那些读不起书的孩子进学堂读书，更让人肃然起敬。再如晚清职业慈善家余治，一生清贫，却四处呐喊，奔走于大江南北，劝人行善，宣传忠孝节义，成立各种慈善机构，移风易俗，救济孤贫，而且创立戏班，编写剧本，以戏曲劝善，被人誉为“江南大善人”。他们以各自的方式感染着世人，固化着中国乡村的超稳定结构，使中国乡村这个自秦汉以来政府行政权力鞭长莫及之地，成为乡绅乡贤的表演舞台。在当代作家陈忠实的长篇小说《白鹿原》中，从白嘉轩、鹿子霖和冷先生等人物身上，读者依稀看到了久违的乡贤形象，所以有评论者指出，《白鹿原》就是在寻找失去的乡贤。这样的评论虽然不无偏颇，却也道出了小说的文化追求。

乡贤是乡贤文化的创造者和实践者，从他们身上，人们可以看到传统乡贤文化在乡村建设、乡村治理、文化教育、乡土认同等方面发挥的重要作用。所以，从中国古代一直到近现代，许多乡村都建有乡贤祠，用以供奉和祭奠那些为乡村建设作出贡献的乡贤们，展示各地不同的乡贤文化。

乡贤文化是由乡贤及其乡人共同创造的，是中华优秀传统文化的重要组成部分。它作为一种文化形态，对中国古代的乡村治理，对家国文化的认同，对乡村社会的维系，对农业文明的传承，对宗族文化的延续，对乡村文明的弘扬，都具有重要的文化价值。在传承发展中华优秀传统文化的当下，创新乡贤文化，就应在进一步明确乡贤文化的历史文化价值与当代意义的前提下，深入发掘乡贤文化的内在价值和积极作用。具体来讲，就是要注重发掘乡贤文化对家国认同、乡村治理、乡村教育、乡村建设、乡村文明传承等方面的深层文化内涵，通过一个个乡贤人物，阐释乡贤文化的重要价值，梳理乡贤文化的积极意义，探索乡贤文化的传承创新路径。譬如家国认同，首先是基于对家族和家乡的认同。乡贤作为当地的贤者，不仅具有很强的凝聚力，而且还常常让乡党引以为豪，人们不论处于多么遥远的地方，只要说起共有的乡贤，就会立即引起强烈的共鸣，自然而然地拉近了人们之间的情感距离，从而形成对家族和家乡的认同。从这个意义上说，乡贤是家乡认同的标志性人物，也是促进家国认同的情感纽带。

乡贤文化对传承发展乡村文明，对当代乡村文化建设，对提升文化自觉、树立文化自信，对实现中华民族伟大复兴的中国梦，都具有积极意义。在大力弘扬传承发展中华优秀传统文化的当下，挖掘乡贤文化的丰富内涵，梳理乡贤文化的历史脉络，发掘乡贤文化的价值意义，进而创新乡贤文化，建设新乡贤文化，是传承发展中华优秀传统文化的内在要求，是提升文化自觉、树立文化自信的内在要求，也是实现中华民族伟大复兴的中国梦的内在要求。

为此，我们组织编纂了这套“乡贤文化丛书”，把自东汉以来的历代乡贤进行梳理，系统展示乡贤、乡贤文化的历史风貌和文化价值，以期让广大读者对优秀传统文化中的乡贤和乡贤文化有更多的了解，对乡贤文化的历史作用和当代价值有更多的认知，共同为创新乡贤文化、建设新乡贤文化作出应有的贡献。

“乡贤文化丛书”第一辑，我们精选了10位在中国历史上有一定影响的各地乡贤，他们不论在教书育人、修身齐家，还是在乡村治理、乡村建设、慈善赈济等方面均作出了一定贡献，成为人们传颂的典范楷模。在本辑编写过程中，每位作者均对自己承担的人物有一定研究，但因作者较多，行文风格各异，难免会出现一些不尽如人意之处，不妥之处，尚祈读者批评。

卫绍生　廉　朴

2018年5月20日

目　录

宁陵又名沙随或宁邑，旧属葛国（或葛伯国）。春秋时期属于宋地，因鲁成公十六年（前575）和鲁襄公二十二年（前551）在此举行过两次“弭兵之盟”而著称；战国时期是魏国信陵君的封地，故又有宁城、信陵之称；汉武帝元狩元年（前122）始置宁陵县，迄今为止已有两千多年的历史。在众多彪炳史册的河南古代历史名人中，宁陵人吕坤是其中比较独特的一位。

吕坤生活在明嘉靖、隆庆、万历年间，为人刚介峭直，为学注重实践；深谙性理之学，颇具经济之才；心忧社稷苍生，治政可称廉能；奉亲谨守庭训，关心宗族事务；早年编纂《宁陵县志》，晚年归隐原籍著书，在儒学、文学、医学等领域都取得了较为丰硕的成果。

教育与教化不同。吕坤做事一贯坚持克己复礼，宣扬儒家伦理教化，提出“人事就是天命”的观点，让人们克制自己的私欲，使自己的言行举止合乎仁义礼节。他在《实政录》卷一《教官之职》中指出：“今之士习可知也已，联其长少，正其心术，端其趋向，约其放纵，抑其骄蹇，策其惰慢，教以立身行己之法，迪以济世安民之要。使居乡则为端人正士，出仕则为良吏忠臣。一言而乡党相传，一行而家邦取法。不愧俊秀之才，堪为社稷之重。但一学得此数人，翘然出色。其余皆小心谨畏，不辱其身。教官如此，可谓称职矣。”[1]希望通过称职尽责的教官为国家培养更多优秀人才。

教化本自有方法。由于各种主客观因素的制约，吕坤入仕时已年近四旬，所以对于如何为官治政有着清醒的认识。其主要观点有三：一是强调做官要做良吏，做良吏要有教化百姓之法，认为“治病要择良医，安民要择良吏。良吏不患无人，在选择有法而激劝有道耳”[2]；二是强调教化百姓要坚持言传身教和持久施教，“化民成俗之道，除却身教再无巧术，除却久道再无顿法”[3]；三是强调言传身教第一要务就是要像父母关爱子女一样爱护百姓，认为“第一要爱百姓，朝廷以赤子相付托，而士民以父母相称谓，试看父母之于赤子是甚情怀，便知长民底道理。就是愚顽梗化之人，也须耐心，渐渐驯服。王者必世而后仁，揣我自己德教有俄顷过化手段否，奈何以积习惯恶之人而遽使之帖然我顺，一教不从而遽赫然武怒邪？此居官第一戒也。有一种不可驯化之民，有一种不教而杀之罪，此特万分一耳，不可以立治体”[4]。如果用父母对待子女的态度对待百姓，教化百姓，就会使愚昧之人能够逐渐明白人生在世的普通道理，使那些有恶行之人能够逐渐改恶从善，其桀骜不驯的思想也会得到驯化。古往今来，那些在治理政事上成功的人士往往把仁义作为施政准则，做事之前首先考虑自己采取的道德教化之举是不是有些过分，是不是合乎律法之规定，对待那些有不良嗜好和不良习惯的人是不是手段粗暴，有没有出现过一言不合就怒火中烧、大发雷霆的现象，要知道这种“不可驯化之民”和“不教而杀之罪”的例子在生活中是非常少见的，可能都不到万分之一的概率，自然不适合作为施政立法的基本依据。

---

① 〔明〕吕坤：《实政录》卷一《教官之职》，北京：中华书局2008年版。

② 〔明〕吕坤：《呻吟语》卷五《治道》，北京：中华书局2008年版。

③ 〔明〕吕坤：《呻吟语》卷五《治道》，北京：中华书局2008年版。

④ 〔明〕吕坤：《呻吟语》卷五《治道》，北京：中华书局2008年版。

吕坤立朝颇有大节，乡居不附权贵，著述“多出新意”，自言“善恶在我，毁誉由人”，创造了一个又一个传奇，在当时和后世获得很多赞誉：

吕坤祖上本为菜农，后来因军功改成匠籍，祖姓亦被明太祖误书为“李”，若干年之后才经由吕坤上疏协调改回“吕”姓。

吕坤少年时资质困顿，读书不知甚解，弃置默坐澄心，竟然“过目即得，一得久不忘，非诵读之力”。

吕坤三十九岁才赴京应殿试，最终以三甲第五十名的成绩赐同进士出身，同年八月赴山西潞安府襄垣县任知县，开始了“以伊尹之所志为己任，以社稷苍生为己责”[①]的仕宦生涯。

万历四年（1576）春，吕坤从襄垣县令调任大同，任知县。沿途百姓不顾大雪泥泞，攀辕卧辙，依依惜别，夹道相送五十多里，并为其建碑立祠。

吕坤强调“宇宙有三纲，智巧者不能逃也，一王法，二天理，三公论，可畏哉！”[②]又说公论“非众口一词之谓也，满朝皆非而一人是，则公论在一人”[③]。

吕坤交游广泛，治学严谨，其在学术研究方面与孙丕扬、孙月峰、刘景泽、顾宪成等人多有往来，《呻吟语》《实政录》《去伪斋集》《交泰韵》等著作各有侧重，创见迭出，在学界产生的影响也各有不同。

吏部尚书孙丕扬多次上疏举荐他，声言“平生所知真正名贤，堪以大用，无如吕坤”，后来竟因荐举不得而挂冠辞官。

《明史·吕坤传》将吕坤与江夏郭正域（1554—1612，万历十一年

---

① 〔明〕吕坤：《去伪斋集》卷五《贺侍御侯碧塘》，北京：中华书局2008年版。

② 〔明〕吕坤：《呻吟语》卷五《治道》，北京：中华书局2008年版。

③ 〔明〕吕坤：《呻吟语》卷五《治道》，北京：中华书局2008年版。

中进士，官至礼部侍郎）、归德沈鲤（1531—1615，嘉靖四十四年中进士，官至礼部尚书兼东阁大学士）并称“天下三大贤”；

乡人称赞他“乡党有德泽教化，言为人师，行为人法”，将其与宋代乡贤程迥并称为“古今沙随”；

清道光六年，朝廷应河南巡抚程祖洛等人奏请，准许去世两百多年的吕坤入祀文庙西庑，位置在明代著名理学家蔡清之次，赢得生前身后之美名。

当代著名史学家嵇文甫先生说过：“晚明时代是一个动荡时代，是一个斑驳陆离的过渡时代。照耀这一时代的，不是一轮赫然当空的太阳，而是许多光彩分披的明霞。你尽可以说它‘杂’，却决不能说它‘庸’；尽可以说它‘嚣张’，却决不能说它‘死板’；尽可以说它是‘乱世之音’，却决不能说它是‘衰世之音’。它把一个旧时代送终，却又使一个新时代开始。它在超现实主义的云雾中，透露出现实主义的曙光。”[①]吕坤就像这个时代中的一抹彩霞，一边尽情地挥洒着自己的光彩，一边认真地弹奏出属于自己的独有乐章！

---

① 嵇文甫：《晚明思想史论》，北京：东方出版社1996年版，第1页。

吕坤（1536—1618），初字顺叔，改字叔简，号新吾，又号心吾、了醒亭居士，晚号抱独居士，河南宁陵人。他二十岁举秀才第一，二十六岁举乡试第三名，三十九岁以三甲第五十名赐同进士出身，历官山西潞安府襄垣县知县、大同知县、吏部文选司主事、吏部考功司郎中、吏部文选司郎中、山东济南道右参政、山西按察使、陕西右布政使、右佥都御史提督雁门关、山西巡抚、都察院左佥都御史、刑部右侍郎等。“参天之木，必有其根；环山之水，必有其源。”欲追寻吕坤的人生发展轨迹，有必要先对其家世背景进行溯源。

一、祖辈灌园居新安

吕坤先祖吕黑厮的经历颇具传奇色彩。据吕坤自撰的《墓志铭》《吕李姓原碑》《归德府志》《康熙宁陵县志》《宁陵吕氏家志》等文献记载，吕氏祖上宋元以前一直定居洛阳，洪武二年（1369）先祖吕黑厮以报寇功授指挥官，次年为避兵变而徙居宁陵，从此在这里开枝散叶。康熙十三年刊本《宁陵吕氏家志》中收录有《新安指挥千户黑厮公墓志》，记载较为生动有趣。吕黑厮少读诗书，明白义理，元末隐居在新安县城北的水南寨。他平日靠帮人灌园为业，但又不满足于这种灌园种地的生活，而心有鸿鹄之志，在浇菜种地之余常将自己的志向和感受“托吟咏以寄兴”。其中《上巳闲饮》一首诗这样写道："菜满畦中千叶好，花开竹外一枝新。何时布展经纶志，此日权为灌溉身。"其真实心态可见一斑。

二、退敌赏"吕"误成"李"

洪武二年春天，明太祖朱元璋追击贼寇来到衡山（今新安县仓头乡横山村）。因吕黑厮率众助明退敌有功，朱元璋下令奖赏其为指挥千户，吕黑厮辞而不受；太祖又赏赐"花银一斤，面取旨，复其家"，"命随行，公以年老辞，命子成从焉"。明太祖下旨赏赐虽然"俾世世无所与"，但却将吕黑厮的"吕"字错书为"李"，"二百年不曾复"，令吕氏一族耿耿于怀，直至吕坤任大同知县时才得以奏复。吕坤《吕李姓原碑》详细叙述了其先祖因功受赏却讹姓为李的尴尬经过："余家旧吕姓，元以前洛阳主户也，人谓圣功（吕蒙正字）、原明（吕希哲字）皆我先族，然无征，余不敢妄认云。至正末，有名黑厮者，灌园于新安之水南寨。洪武二年，以报寇功授指挥官，辞。太祖嘉之，赐花银一斤，面取旨，复其家，俾世世无所与。旨尾云：'敕水南寨种菜老李，钦此。'黑厮辨姓，太祖操笔欲改之，笔端墨落'李'字上矣。字不可就寻，掷笔曰：'便姓李不妨。'黑厮叩头起，遂李姓。其子成因焉。"

三、两百年间复姓难

吕坤《吕李姓原碑》一文不仅详细叙述了其先祖讹姓为李的无奈过程，而且记述了明太祖的无心之举给吕氏家族带来的痛苦和尴尬。洪武三年，李成为躲避兵变，将全家迁徙至宁陵，为了与宁陵城北另一位同名同姓者加以区别，因对方比自己年长，所以自称"小李成"。李成学识渊博，重视丧俗葬制，临死之前对他的儿子说："李非赐姓也，朝廷以误成之，然不可改矣。我欲生从君，死从祖，仍以‘吕’音葬我，题我墓曰吕某之墓。”那些讲究礼法制度的吕氏族人“求诸心而不安”，于是就向那些有学问有修养的君子求教，得到的答复是“以为当吕邪，则我祖亦尊君；以为当李邪，则丧祭从先祖，子其因之”，建议吕氏因循其旧。所以，吕氏一族与李氏通婚比较常见，但去世后盖棺立碑题名则称吕公。这种于情理不合的状况一直持续了二百年之久，如何恢复本姓就成为吕氏家族最尴尬、最无奈也最想解决的难题。

嘉靖十五年（1536）十月十日，吕坤在开封府宁陵县（今河南宁陵）呱呱坠地。谁也没有想到，这个出身匠籍的男孩后来竟然成为明代中后期著名的思想家、政治家、文学家，与官至礼部侍郎的湖广江夏人郭正域、官至礼部尚书兼文渊阁大学士的河南归德人沈鲤并称“天下三大贤”，并凭借自己的智慧和能力恢复了讹书二百多年的家族姓氏，给这个五世同堂的大家庭带来了无上荣光。

四、上疏复姓智慧显

金榜题名与光宗耀祖是古代读书人最看重的两件事情，这两件事情又有着密切的联系。吕坤深受儒家文化的熏陶，他在嘉靖四十五年参与纂修《宁陵县志》时署名“李坤”，万历二年进士及第时题名碑上所录姓名亦为“李坤”，对“李家的子孙去拜谒吕氏的坟墓，那些行路之人看到定然觉得诧异”这一尴尬现状自然深有感触，所以对于那些君子左右逢源、没有定论的建议并不认可，下定决心恢复族姓，最终决定将其祖先的墓道题为“吕先公茔”。

关于吕坤上疏请求恢复本姓的经过，《吕李姓原碑》和《宁陵吕氏家志》的记载详细而生动，虽然内容不尽相同，但可互为参证，大致能还原整件事情的真相。吕坤在《吕李姓原碑》中从“吕”“李”二字因为读音相近，所以世人常常将二者混淆的现实情况入手，指出自己虽然不知道世人最早将其混淆是在什么时候，但是其家族原本姓吕的事实却是毫无疑问的。万历四年（1576）春至万历六年（1578），吕坤在任大同知县期间，向吏部提交了题为《吏部题复姓疏》的申请，收录在《宁陵吕氏家志》中。文曰：

> 臣原籍河南归德府宁陵县人，由万历二年进士除授前职。查得本县吕姓，世业农桑，不识谱牒，缘吕李声近，人以李姓相呼，而臣祖传讹，遂以李氏为姓，相沿五世，渐失本源。臣近修祖谱，欲正其非。但臣册名仕籍，不敢擅自更易，伏望皇上鉴臣愚忠，敕下吏部，准复吕姓。

吕坤上疏请复祖姓时，对《吕李姓原碑》中所载太祖题名致误之事避而不谈，而是以吕李声近祖上讹传、欲修族谱正本溯源为由，请求皇帝下敕，准许其家族恢复吕姓。这种为尊者讳的委婉处理方式，表现出过人的政治智慧和灵活的运作策略，大大减少了来自朝廷和有关方面的阻力，从而使困扰宁陵吕氏家族二百年的难题得以顺利解决。

嘉靖三十四年（1555），吕坤于二十岁时考中秀才第一，入宁陵县学读书；嘉靖四十年（1561），他于二十六岁时参加了在省城举行的每三年一次的乡试，考中河南乡试第三名，可谓一帆风顺、意气风发。此后，吕坤参加过两次礼部会试：一次是嘉靖四十一年（1562）春二十七岁时，未能考中；一次是隆庆五年（1571）三十六岁时，吕坤虽然中式，但因为其母李氏在原籍病故，所以按例在家守制三年，没有能参加随后举行的殿试。从嘉靖四十一年首次参加礼部会试至万历二年（1574）入京参加殿试，吕坤经过整整十二年的学习积累，终于以三甲第 50 名的名次赐同进士出身，任山西潞安府襄垣县知县，开始了其并不平坦的仕宦生涯。吕坤因循例守制致科举入仕的时间一再延迟，但是他事亲至孝谨守庭训的思想观念却始终未变。

一、遵从父教守庭训

孝亲敬长是吕坤一直坚持的思想理念和行为准则。他在《宗约歌》中多次鲜明地表达了自己的这一观点。如“劝孝亲”条云：“父母年高喜在堂，为人不孝罪难当。五刑之属三千，罪莫大于不孝。[看那]偎干就湿[的]三年体，望长愁灾[那]万种肠。你疼你儿女么？要识亲恩看[你]儿女，不望你专孝爷娘。好那[你]子爱与[那]爷娘。如何不似禽和兽，那个禽兽？反哺乌鸦跪乳[的]羊。”[①]吕坤对父亲的尊重主要表现在毕生谨遵父训、续写童蒙著作、关心族人生活、订立宗族制度等几个方面。

吕坤之父吕得胜，字寿官，别号近溪，又号近溪渔隐、渔隐闲翁。吕得胜心性恬淡，本无功名，后以吕坤之功赠吏部文选司主事。嘉靖三十七年（1558）秋天，吕得胜在吕坤协助下撰写成《小儿语》二卷，并自撰《小儿语序》，旨在宣扬乐闻易晓的义理之学和“蒙以养正”的家教观念。其序曰：

> 儿之有知而能言也，皆有歌谣以遂其乐，群相习，代相传，不知作者所自。如梁、宋间《盘脚盘》《东屋点灯西屋明》之类，学焉而于童子无补，余每笑之。夫蒙以养正，有知识时，便是养正时也。是俚语者固无害，胡为乎习哉？余不愧浅末，乃以立身要务谐之音声，如其鄙俚，使童子乐闻而易晓焉，名曰《小儿语》。是欢呼戏笑之间，莫非理义身心之学。一儿习之，可为诸儿流布，童时习之，可为终身体认，庶几有小补云。纵无补也，视所谓《盘脚盘》者，不犹愈乎？嘉靖戊午秋沙随近溪渔隐吕得胜书。[②]

吕得胜从代代相传的民间歌谣谈起，认为梁、宋年间所出现的《盘脚盘》《东屋点灯西屋明》等俚俗歌谣对于儿童的学习没有任何益处，而幼儿启蒙阶段正是学习各种知识的重要时期，也是对幼儿进行养正教育的关键时期。所谓“蒙以养正”，语出《易经·蒙卦》：“蒙以养正，圣功也。”意思是有无正确的人生方向决定着一个人的发展境界，教育

---

① 〔明〕吕坤撰，王国轩、王秀梅整理：《吕坤全集》下册《吕书四种合刻》之《宗约歌》，北京：中华书局2008年版。本书凡征引吕坤著作之文字，若无特殊说明，均出自王国轩、王秀梅整理本《吕坤全集》，下文不一一注出。

② 〔明〕吕得胜：《小儿语》，收入《吕坤全集》下册《吕书四种合刻》，北京：中华书局2008年版。

必须要从慎始出发，教人向善，以养正气，养正是其最高目标。

为了实现立身要正的教育目标，考虑到儿童的实际接受水平，吕得胜撰写了这本通俗易懂、儿童喜闻乐见的小书。《小儿语》分上、下两卷，上卷题为《小儿语》，下卷题为《女小儿语》，秉承儒家“因材施教”的传统，针对不同性别的儿童讲授相应的知识和道理。其中上卷收录四言句20则、六言句13则、杂言句21则，四言句如“一切言动，都要安详，十差九错，只为慌张”“世间生艺，要会一件，有时贫穷，救你患难”等，六言句如“世间第一好事，莫如救难怜贫，人若不遭天祸，舍施能费几文”“儿小任情骄惯，大来负了亲心，费尽千辛万苦，分明养个仇人”等，杂言句如“人生丧家亡身，言语占了八分”“人言未必皆真，听言只听三分”等[①]，意在用通俗易懂的语言讲述深刻的人生哲理。下卷收录四言句61则、杂言句21则，四言句如“不良之妇，穿金戴银，不如贤女，荆钗布裙”“妇人好处，温柔方正，勤俭孝慈，老成庄重”“贤妻孝妇，万古传名，村婆俗女，枉活一生”等，杂言句如“妇人好吃好坐，男子忍寒受饿”“妇人口大舌长，男子家败人亡”“家教宽中有严，家人一世安然”等[②]，意在寓教于俗，让女童能够学到终身受益的女德或道理。吕得胜后来又觉得此书内容不够完备，所以命吕坤续作《续小儿语》三卷，体例与前述两种相类似，各卷分别收录有四言句、六言句、杂言句，并加以刊刻流传。

吕坤所作的《续小儿语》三卷，比其父所撰《小儿语》二卷内容更多，范围更广，语言更雅，立意更深。如卷中所录四言句“丈夫一生，廉耻为重，切莫求人，死生有命”“人生在世，守身实难，一味小心，方保

① 〔明〕吕得胜：《小儿语》，收入《吕坤全集》下册《吕书四种合刻》，北京：中华书局2008年版。

② 〔明〕吕得胜：《女小儿语》，收入《吕坤全集》下册《吕书四种合刻》，北京：中华书局2008年版。

百年”，六言句“沈重有德君子，轻薄无知狂童，任你几多学识，何如才美周公”“尧、舜、禹、文、周、孔，面目只似常人，止因一个好心，万古尊为圣神”，杂言句“君子口里没乱道，不是人伦是世教。君子脚跟没乱行，不是规矩是准绳。君子胸中所常礼，不是人情是天理”“三誉升天，三毁入渊”“做第一等人，干第一等事，说第一等话，抱第一等识”，卷下所录杂言句“上看千仞，不如下看一寸。前看百里，不如后看一鞑”“回顾莫辞频，前人怕后人”[①]，从不同侧面反映出吕坤对世态人情的体认与感悟。除此之外，吕坤还撰写了《演小儿语》一书，称“有宋，有燕，有秦，有晋，予闻而演之。亦《唐棣》之意也。然鄙俚可笑，规刺可憎，知我罪我，我无所逃矣”[②]，将其父视为“无谓”的《盘脚盘》等45则俚俗歌谣进行了推演，以供世人教育孩童时借鉴。

他在《小儿语跋（补录）》中详述了自己这样做的缘由和经过：

小儿皆有语，语皆成章，然无谓，先君谓无谓也，更之。又谓所更之未备也，命余续之。既成刻矣，余又借小儿原语而演之。语云：“教子婴孩。”是书也，诚鄙俚，庶几乎婴孩一正传哉！乃余窃自愧焉，言各有体，为诸生家言，则患其不文；为儿曹家言，则患其不俗。余为《儿语》，而文殊不近体。然刻意求为俗弗能，故小儿习先君《（小儿）语》如说话，莫不鼓掌跃诵之，虽妇人女子亦乐闻而笑，最多感发。习余《（续小儿）语》如读书，謇謇惛惛，无喜听者。拂其所好，而强以所不知，理固宜然。嗟嗟！儿自有不儿时，即余言或有裨于他日万分一，第恐小儿徒以为语，人徒以为小儿语也。无论文俗，

① 〔明〕吕坤：《续小儿语》，收入《吕坤全集》下册《吕书四种合刻》，北京：中华书局2008年版。

② 〔明〕吕坤：《演小儿语》，收入《吕坤全集》下册《吕书四种合刻》，北京：中华书局2008年版。

总属空谈，虽仍小儿之旧语可矣。先君何庸更，余何庸续且演哉！重蒙养者，其绎思之。[1]

吕坤在这段跋语中引用的“教子婴孩”之说，语出北齐颜之推《颜氏家训·教子》：“俗谚曰：‘教妇初来，教儿婴孩。’诚哉斯语。”意思是教育一个人一定要及早进行，教育新媳妇要从刚进门时开始，教育子女要从幼年时期开始，这样才能引导其养成良好的行为习惯，遵循正确的伦理纲常。

宋代理学家张载用两个生动形象的比喻对这一道理进行了阐释：“勿谓小儿无记性，隔日事皆能不忘。故善养子者，必自婴孩始鞠之，使得所养，令其和气，乃至长性美，教之便示以好恶有常。至如不欲犬之上堂，则时其上堂而扑之。若或不常，既挞其上堂，又食之于堂，则使孰适从？虽日挞而求不升堂不可得也。是施之妄。庄生有言：‘养虎者，不敢以生物与之，为其有杀之之怒；不敢以全物与之，为其有决之之怒。’养异类尚尔，况于人乎？故养正者，圣人也。”[2]他用生活中常见的让不让狗进厅堂现象和庄子寓言中用不用活物喂养老虎两个事例，说明喂养动物都必须谨慎小心，更何况是教养孩子呢？所以能够用正道教养孩子的人可称圣人。

吕坤受儒家思想影响很深，但对前辈学者的教育观点既有借鉴又有阐发。同样，他遵从父教并不是一味地愚孝，而是在继承中又有所创新和阐发。他认为，这本书虽然语言鄙俚，但几乎称得上是一部“婴孩正传”，而不同年龄、不同学识、不同经历的人们即便面对同一种事物，其看法和理解也可能迥然不同，所以对于“为诸生家言，则患其不文；

---

① 〔明〕吕坤：《小儿语跋》，收入《吕坤全集》下册《吕书四种合刻》，北京：中华书局2008年版。

② 〔宋〕张载：《张子语录上》，《四部丛刊》本。

为儿曹家言，则患其不俗”的社会现象更容易理解。

清人李惺曾仿照吕氏父子“小儿语”系列作有《老学究语》，认为“近溪先生《小儿语》无一非小儿语，新吾先生《续小儿语》则不纯乎小儿语”，指出两部书在内容和形式上的不同特点，同时也说明吕坤续作在童蒙教育方面的创见新解。吕坤这种“仍小儿之旧语可矣”的具体做法与遵循自然规律和社会规律的客观态度，哪怕只能实现“或有裨于他日万分一”的目的，仍然值得重视儿童发展教育的人们去深入思考和借鉴，在当时和后世都具有独特的民俗价值和教育意义。

二、事亲至孝科举迟

在中国传统儒家文化思想观念中，“孝道”堪称儒家伦理道德的核心要义，也是历代统治者积极倡导和大力推崇的修身之本、治国之基。

自汉代刘向始撰《孝子传》以来，宣扬以“二十四孝”为代表的孝子孝女群体逐渐成为正史地志、佛教经典、文学作品、绘画艺术中传诵千古的主题。宋代义理之学兴起，新学、洛学、关学、蜀学等门派迭出，虽然提倡的内容和观点不同，但各陈己见，竞放异彩，其核心要义都是为了维护中央集权的统治和传统的礼仪纲纪伦理思想。如南宋李心传《道命录》认为：“道学之兴废，乃天下安危国家隆替之所关系。”朱熹是宋代理学的集大成者，其《朱子语类》卷十八亦云：“理皆同出一源，所居之位不同，则其理之用不一，如为君须仁，为臣须敬，为子须孝，为父须慈。”宋代理学在古代思想上占据统治地位的时间之长、影响之大，已经超过了两汉经学、魏晋玄学以及南北朝隋唐时期的佛学。

明代开国之初，即将孔孟之书奉为经典，将程朱理学奉为治理国家的政治规范。据《明实录》卷一五八记载，永乐十二年（1414），明成祖朱棣为笼络人心，提出“为治之道在宽猛适中”的原则，下诏命翰林学士胡广、杨荣、金幼孜等人编纂成《五经大全》《四书大全》《性理大全》260卷并诏颁天下，意在“合众途于一轨，会万理于一原”，“使家不异政，国不殊俗”，“可以章一代教学之功，启百世儒林之绪”，使程朱理学取得独尊天下的地位，成为明代修身齐家治国平天下的统一法理和唯一准则。

明代中期，以王守仁为代表的王学逐渐崛起，提出学凡“三变”的治学主张，其中“泛滥于词章”“遍读考亭遗书”“出入佛志”为前三变，“以默坐澄心为学的”“专提改良知三字”“所操益熟，所得益化”为后三变，围绕“心即理”“知行合一”“改良知”三个命题构建起其心学体系，并以其广泛传播的影响力达到主观唯心主义心学的高峰。

吕坤生活在明代中后期，深受传统儒学和宋明理学思想的熏陶和影响，其言谈举止体现出鲜明的孝亲、事亲、尊亲、悦亲倾向。《去伪斋文集》卷七《家乐解》记载了吕坤十二岁时发生的一件事，从中可以看出吕坤事亲至孝的传统美德，比较有代表性。

嘉靖二十六年（1547）秋八月，吕坤的母亲李氏因患眼病而致失明，一向性格急躁的她“张目四望而一无所见也，乃以头触壁大号哭，不食者三日”。祖籍长垣的眼科名家唐姓大夫对此很头疼，说：“目忌火动，而躁若斯，何效之能臻？”年仅十二岁的吕坤为安慰急躁的母亲，“乃召瞽妇弦歌以娱之”，过了四五天，其母终于能够稍微进食了。又过了一段时间，“歌者辞穷，则更其人，或令之说书，如《前汉（书）》《前后齐（书）》《七雄》《三国》《残唐》《北宋》之类，凡有名丝，无远近，必致之”[①]。这样的状况整整持续了一年有余，李氏的病情才渐渐稳定。

吕坤之父以前一直认为“三媒二妇，休教入门，倡扬是非，惑乱人心”

① 〔明〕吕坤：《去伪斋集》卷七《家乐解》，北京：中华书局2008年版。

（《女小儿语·女德》），所以严戒“三媒二妇”之人进入吕家之门。小吕坤孝母侍亲的行为改变了其父的看法，自云“先君每戒三婆二妇，无令入门，至是亦曲体子妇情，莫之禁也。由是，贤孝古人，仆妇女奚亦能始末”[①]。俗话说：“从小看大，三岁知老。”吕坤用自己的实际行动缓解了母亲的严重病情，改变了父亲的一贯认识，还让家里的仆妇们了解了古人贤孝的事迹，可谓一举几得，其事亲至孝的行为与彩衣娱亲的老莱子有异曲同工之妙。

“老莱子彩衣娱亲”是《二十四孝》故事之一。《二十四孝》全称《全相二十四孝诗选》，是中国古代宣扬儒家思想及孝道文化的经典通俗读物。该书最早由元人郭居敬据古代24个孝子故事编录而成，因元、明时期很多印本都配有图画，又称《二十四孝图》。元代王克孝《二十四孝图》、谢应芳《二十四孝赞》、清代吴正修《二十四孝鼓词》、张之洞等《百孝图说》、陈少梅《二十四孝图》、徐操《二十四孝史》等，都是受其影响的同类题材作品。

相传春秋时期楚国有个名叫老莱子的隐士，为躲避战乱在蒙山南麓隐居躬耕。他对父母非常孝顺，经常挖空心思做出美味佳肴供奉双亲，虽然年过七十，却身穿五色彩衣，像小孩子一样手摇拨浪鼓嬉戏玩闹，常常逗得父母开怀大笑。

老莱子孝亲的故事流传很广，具体细节虽稍有不同，但故事情节和主题倾向基本一致。据《艺文类聚》卷二十《人部四》“孝”条记载：“《列女传》曰：老莱子孝养二亲，行年七十，婴儿自娱，著五色采衣，尝取浆上堂，跌仆，因卧地为小儿啼，或弄乌鸟于亲侧。”清人焦循《孟子正义·万章上》在解释“大孝终身慕父母。五十而慕者，予于大舜见之矣”一句时，曾征引汉代赵岐《注》，称“大孝之人，终身慕父母。

① 〔明〕吕坤：《去伪斋集》卷七《家乐解》，北京：中华书局2008年版。

若老莱子七十而慕，衣五采之衣为婴儿，匍匐于父母前也”，并对其详加考述，“旧疏（指旧题宋人孙奭所撰《孟子疏》）引《高士传》云：‘老莱子楚人。少以孝行养亲，极甘脆。年七十，父母犹存。莱子服荆兰之衣，为婴儿戏亲前，言不称老。为亲取食，上堂足跌而偃，因为婴儿啼，诚至发中。楚室方乱，乃隐耕于蒙山之阳，著书号莱子。莫知所终。’今皇甫谧《高士传》无此文。马氏骕《绎史》引《列女传》云：‘老莱子孝养二亲，行年七十，作婴儿自娱。著五采斑斓衣。尝取浆上堂跌仆，因卧地为小儿啼。或弄雏鸟于亲侧。’今刘向《列女传》亦无此文。”①此外，宋初官修类书《太平御览》中亦有相关记载：“师觉授《孝子传》曰：老莱子者，楚人。行年七十，父母俱存。至孝蒸蒸，常着斑斓②之衣。为亲取饮，上堂脚跌，恐伤父母之心，因僵仆为婴儿啼。孔子曰：父母老，常言不称老，为其伤老也。若老莱子，可谓不失孺子之心矣。”③考刘向《古列女传》（丛书集成初编本），确实未见相关记载，该书卷二“楚老莱妻”条中关于老莱子轶事的记载，只说“莱子逃世，耕于蒙山之阳”④，后听从其妻的劝告，拒绝了楚王的重金聘请，逃亡而去。刘向《古列女传》与皇甫谧《高士传》中到底有没有老莱子的相关记载，因现存文献无法印证，暂且存疑，但从相关文献记载中可以看出，至少在唐宋时期有关老莱子孝亲的故事已经广泛流传。而元代以前就广为流传的古人孝亲故事集、明人编撰的《幼学琼林》卷二等文献典籍中都有相关记载。后来，人们常用“老莱娱亲”“彩衣娱亲”“戏彩娱亲”来比喻孝养父母的行为，其中“戏舞学娇痴，春风动彩衣。双亲开口笑，喜色满庭闱”和“戏如孩提孝父母，彩衣着身假痛哭。娱欢春色庭前入，亲至美善蒙山出”

---

① 〔清〕焦循：《孟子正义》卷九《万章上》，北京：中华书局影印诸子集成本。

② 斑斓：原作“班兰”，当为“斑斓”之误。

③ 〔宋〕李昉等：《太平御览》卷四一三《人事部五四》，北京：中华书局影印本。

④ 〔汉〕刘向：《古列女传》卷二，丛书集成初编本。

等都是以此为题材而创作的诗句。

人们常说“久病床前无孝子”，吕坤却始终把“百善孝为先”放在心头，反复强调“一家之中，要看得尊长尊，则家治。若看得尊长不尊，如何齐他？得其要在尊长自修”[①]，“人子之事亲也，事心为上，事身次之。最下事身而不恤其心，又其下事之以文而不恤其身”[②]，“孝子之事亲也，上焉者先意，其次承志，其次共命。共命则亲有未言之志不得承也，承志则亲有未萌之意不得将也，至于先意而悦亲之道至矣”[③]，并身体力行付诸实践，二十年如一日地孝敬长期卧病在床的母亲。

吕坤《宁陵县药圣庙碑》中记述了其母亲多次犯病的情形：嘉靖三十三年（1554）夏天，“先安人陨于垂堂，得瘀血症，五内痈闷，血呕下辄盈升。日夜号呼，声彻邻里，手足寒厥，不能寝食者三日矣。祈死不得，余亦为安人祈生不得也”[④]。吕坤寝食难安，于是叩请其内兄于梦仙拟方开药，不料母亲服药后病得更重，“呕血斗许，不能言”。后来，也许是吕坤的孝行感动了上天，其母梦见有个自称是东北药圣的“黄衣人立于牖上”，告诉她吕坤拜求的是仙药，只要再服一剂就能治愈，醒来之后竟然真的“胸腹爽然，若未尝病者”，待人接物和饮食习惯也恢复如常。吕坤听母亲述说了这件事情的曲折之后，本想当时就要为那位药圣建立祠庙，因为还未科举及第，所以就经常在静室之中焚香膜拜之。嘉靖三十八年（1559），吕母再次发病，“患痢，旦夜数十起，壮热不食，祷于神”。吕坤从范同舟处寻得一个药方，其母服药后一剂而愈。

隆庆二年（1568），吕坤之父吕得胜也患上痢疾，本来症状很轻，第一日服黄芩芍药汤已经止住，第二日再次发作后服木香汤下清宁丸而

---

① 〔明〕吕坤：《呻吟语》卷一《伦理》，北京：中华书局2008年版。

② 〔明〕吕坤：《呻吟语》卷一《伦理》，北京：中华书局2008年版。

③ 〔明〕吕坤：《呻吟语》卷一《伦理》，北京：中华书局2008年版。

④ 〔明〕吕坤：《去伪斋集》卷八《宁陵县药圣庙碑》，北京：中华书局2008年版。

止，后来反复发作多次，“凡六更方而六止”。其父也没有其他症状，仍然健步如往常，不料突然腹痛便血而亡。吕坤认为父亲去世是因为自己没有诚心祈求药圣的护佑，即便“九死”也难以赎罪。

吕坤认为，孝子最宝贵的就是“心亲之心”，即“父在居母丧，母在居父丧，以从生者之命为重。故孝子不以死者忧生者，不以小节伤大体，不泥经而废权，不徇名而害实，不全我而伤亲”[①]，强调以生者为重，以大局为重，要根据实际需要采取权宜的措施，而不应拘泥于自己的虚名和冷冰冰的规定，所以他没去参加当年的礼部试，在家守孝三年，对母亲也更加孝顺体贴。

隆庆三年（1569）正月，吕母再次发病，而且比以往更厉害，“右胁隐隐如蛇鼠绕身，折裂肌肉，渐如惊豚，震撼腹心，胸背间一触一痛，一痛一昏，膈腹胀不可以息，恶心头重，身顽麻木，谷一下咽即呕”[②]。吕坤既忧虑又惊悸，却又不知所措，只能大声哭泣着向神灵祷告，同时又将所能见到的各种医书验方搜检待遍，却没有找到任何可供参考的治疗依据，后来怀疑其母是忧思过度而患病，就试着让她服下了开郁顺气汤，没想到真的很快痊愈了。隆庆四年（1570）秋天，吕母因咳嗽再次犯病，医生说只是平常的症状，家里人也以为只要按时吃药就会没事，不想断断续续到了第二年正月，李氏竟然病势垂危。吕坤万般无奈，“哀祷于神，弗应；请代，弗应”，只好与家人一起夜以继日地侍奉在侧。

吕坤勤于思考，善于思考，对于世态人情和家庭伦理有比较清醒的认识。他认为，世间万事万物自有其规律可循，“心宽体胖”就是其中较为典型的例子，原因在于“人心喜则志意畅达，饮食多进而不伤，血

① 〔明〕吕坤：《呻吟语》卷一《伦理》，北京：中华书局2008年版。

② 〔明〕吕坤：《去伪斋集》卷八《宁陵县药圣庙碑》，北京：中华书局2008年版。

气冲和而不郁”[①]。人们如果能够做到心境乐观开朗，生活无忧无虑，那么身体自然就会健康舒坦，当然就不会生病了，又怎么能够不长寿呢？因此，“孝子之于亲也，终日乾乾，惟恐有一毫不快事到父母心头。自家既不惹起，外触又极防闲，无论贫富贵贱、常变顺逆，只是以悦亲为主，盖‘悦’之一字，乃事亲第一传心口诀也”[②]。

隆庆五年（1571），“天下当试南宫”，吕坤原定赴京参加会试的时间已经很近了，但因母亲李氏病笃不愿远行，“长安念绝”。当母亲逼着吕坤进京赴试时，他告诉母亲说：“母愈，儿三公不以换，即一第奚荣？愿分膝下咫尺以承颜色。”[③]意思是说，功名利禄之类犹如过眼烟云，怎么能跟父母的健康快乐相提并论呢？他宁愿做“礼卑伏如下仆，情柔婉如小儿”[④]的孝子，时时在母亲面前承欢膝下，而不愿意做失去父母的三公九卿。李氏非常生气，甚至以绝食相逼，并召集吕氏一族多位同宗兄弟一起来责备吕坤。吕坤反复请求母亲而不得，只好去准备赴试的行装，其母这才露出笑容，当天吃饭也是平常的数倍。等到吕坤考试归来，母亲却已经因突发急性腹泻而去世，令他再次心如刀割。

《宁陵县志》卷九也记载了其母去世前后的详细经过，文曰：

> 隆庆辛未年前期当会试时，母病卧床。坤日夜侍侧，衣不解带，尝药尝粪，忧勤毕集。一日，母谓坤曰：“昔当会试，汝父卒，误汝一次。今我病，自忖无事，汝速行。”坤阳应行，隐别处料理汤药。母忽闻坤声，大怒不食。召坤责曰：“何欺我？”坤泣跪告母曰：“功名事小，母病未愈，儿焉忍去。”母抚坤背慰曰：“我欲见汝成进士，死且瞑目。汝行，勿负我

---

① 〔明〕吕坤：《呻吟语》卷一《伦理》，北京：中华书局2008年版。

② 〔明〕吕坤：《呻吟语》卷一《伦理》，北京：中华书局2008年版。

③ 〔明〕吕坤：《去伪斋集》卷八《宁陵县药圣庙碑》，北京：中华书局2008年版。

④ 〔明〕吕坤：《呻吟语》卷一《伦理》，北京：中华书局2008年版。

望。”母更日加餐。不得已辞母行。……场毕抵家，而母已亡。计先后场屋往还仅三十日。坤非急功名而后母者可概见也。

吕坤于当年正月二十六日离开家乡宁陵，二月初五到达京城参加会试。当年会试主考官为少傅大学士张居正、吏部左侍郎兼翰林学士吕调阳，分房考官为沈鲤等人。三场考试结束后，吕坤立即于三月十六日收拾行装，次日马不停蹄地返回原籍，前后不过一月时间，而母亲李氏已经病逝。等到中式的捷报传来，吕坤手扶母亲的棺材悲痛欲绝，哭着说："进士何物也，以唾手得，而我以母死换乎！"他伤心过度，以至于"号泣而绝粒者七昼夜。居丧骨立，人罕见面"。因此，吕坤虽然在这一年中礼部试，但按规定要在原籍守制，未能参加接下来的廷试，直到万历二年（1574）春天才入京参加殿试。母亲去世后，吕坤在"读礼之余，追平生疏节，成今日遗恨，遂以一得愚"[①]，并把自己对于各种礼制的看法写成《四礼翼》，旨在用浅近鄙俗的语言为民间提供可资参照的礼仪规范。

吕坤与母亲感情很深，不仅在母亲生前承欢膝下，而且在母亲去世四十多年之后仍念念不忘，按时祭祀，其拳拳深情令人感慨。

他在《家乐解》中这样写道："先慈没且四十年矣，每生辰佳节，献以家食，思其所乐，则奏《倚西楼》一阕，弦而不歌，寄余凄怆云。"[②]自从母亲病逝之后，每逢母亲的生辰或忌日，吕坤都会在家中设席，回忆母亲喜欢做的事情，演奏母亲喜欢听的曲子《倚西楼》，以寄托对母亲的无限哀思。不仅如此，吕坤还将对母亲的思念转移到其他人身上，多有善行义举。吕坤每每念及母亲当年失明的痛苦，只要遇到那些失明的乞讨者，总会情不自禁地产生怜悯之心，给予他们的食物之类也比其

① 〔明〕吕坤：《四礼翼》卷首《四礼翼序》，北京：中华书局2008年版。

② 〔明〕吕坤：《去伪斋集》卷七《家乐解》，北京：中华书局2008年版。

他乞丐更多。

吕坤收养那些失明的男童时，常常会搭建一处粥舍，请来一位瞽师，瞽师既能为乡亲们说书卜卦，又能教导那些男童乞丐学习吕坤辑录的《子平要语》及《劝世歌曲》等，使他们面对生活的困境能够保持正常的心态；遇到那些失明的女童，吕坤则常常嘱咐家里的瞽妇教她们学习乐器，还为她们买来乐器加以练习。等到这些盲童长大成人，能够自食其力时，吕坤会让那些较为般配的男女结为夫妇，任由他们自己选择去向，不至于再沦落到沿街乞讨的地步。吕坤后来在万历年间任山东济南道右参政时，曾经在当地照此办法施行，此法在当时流传甚广。

吕坤谨守庭训、事亲至孝的感人事迹，以及其爱屋及乌、推己及人的善行义举，都可以在其言行著述中找到依据。他在《叙吕氏祠茔志》中公开坦露心迹说："夫水有源，塞其源则流绝；木有本，伐其本则枝枯。祖宗者，子孙之本源也，而昏眊焉忽之，常事弗举；苟且焉文之，精意不孚，视神主一段木，视丘墓一抔土耳！本源是弃，后何以昌？"[①]

据《明史》卷四八《吉礼二》"郊祀之制"条记载，嘉靖九年，世宗皇帝定《明伦大典》，想要厘正旧章，当时"詹事霍韬深非郊议，且言分祀之说，惟见《周礼》，莽贼伪书，不足引据"[②]，所以给事中夏言上疏反驳其观点，称"敬天法祖，无二道也。《周礼》一书，朱子以为周公辅导成王，垂法后世，用意最深切，何可诬以莽之伪为耶？"[③]到了万历三年（1575），大学士张居正等人辑《郊祀新旧图考》进呈，则"旧礼者，太祖所定。新礼者，世宗所定也"[④]的说法渐成定论。吕坤一直用儒家"敬天法祖"的传统思想来指导自己的日常行为规范，深

① 〔明〕吕坤：《去伪斋集》卷三《叙吕氏祠茔志》，北京：中华书局2008年版。

② 〔清〕张廷玉等：《明史》卷四八《吉礼二》，北京：中华书局1974年版。

③ 〔清〕张廷玉等：《明史》卷四八《吉礼二》，北京：中华书局1974年版。

④ 〔清〕张廷玉等：《明史》卷四八《吉礼二》，北京：中华书局1974年版。

为那些“子孙之厚于身而薄于祖者”的行为而羞愧，质问那些不把祖宗视为亲友的人“是尚得齿于人群乎？是尚可笑谈自若立于天地之间乎？”[①]不仅如此，吕坤还特意在《叙吕氏祠茔志》结尾处强调，父母对子女的恩情比山还高，比海还深，即便“五鼎罗列，不能起父母啜一羹；三醴奠爵，不能强父母尝一沥。升降祠前，徘徊墓侧，恨不一声恸哭彻于九原”，所以人们面对反复上演的“树欲静而风不止，子欲养而亲不待”的悲剧，往往抚今追昔，悔不欲生。为了避免类似悲剧的再次发生，必须防患于未然，“与其承敬于无形，不若承欢于眼见；与其伤心于今日，不如尽心于当时”[②]，希望那些“子孙之厚于祭而薄于养者”能够明白作者直言相劝的良苦用心，可以理解在父母生前尽孝远比死后将其风光大葬更重要的深刻道理。

---

① 〔明〕吕坤：《去伪斋集》卷三《叙吕氏祠茔志》，北京：中华书局2008年版。

② 〔明〕吕坤：《去伪斋集》卷三《叙吕氏祠茔志》，北京：中华书局2008年版。

吕坤生活在明王朝由盛转衰的社会大变革年代，生平行迹大致分为三个历史时期，其中嘉靖十五年（1536）至万历元年（1573）是吕坤早年的求学时期，万历二年（1574）入京应殿试至万历二十五年（1597）乞休归里是中年仕宦时期，万历二十六年（1598）归乡至万历四十六年（1618）病卒是晚年乡居时期。

吕坤一生立身行己，很有法度。总体而言，他做事主要遵循两大规范或秩序，一是“先圣之成规”，二是“时王之定制”，认为除此之外非邪即俗，所以“君子不由”[①]。具体来说，就是要持身谨慎坚守本分，进退有度经常反省，洁身自好爱惜名节，进德修业贵在及时，归根结底就是要“作本色人，说根心话，干近情事”[②]。下面试以《呻吟语》中的相关记载为主要依据，简要分析吕坤心目中士君子的行为规范标准。

一、秉持“四真”尚慎独

秉持真心，戒微慎独，是吕坤一贯坚持的行为准则。吕坤在《呻吟语》中写道：“士君子只求四真：真心、真口、真耳、真眼。真心无妄念，真口无杂语，

---

① 〔明〕吕坤：《呻吟语》卷二《修身》，北京：中华书局2008年版。

② 〔明〕吕坤：《呻吟语》卷二《修身》，北京：中华书局2008年版。

真耳无邪闻，真眼无错识。”[①] 他把真性情、真学问、真慎独作为自己为人处世的行为准则，把能否做到“四真”作为判断正人君子的具体标准，认为这是每个普通人都应该遵守的基本原则。

中国古代文化中“君子慎独，不欺暗室”的说法，是儒家所推崇的一种关于自我修养的崇高境界，最早记载见于《礼记》。《礼记·中庸》这样写道：“天命之谓性，率性之谓道，修道之谓教。道也者，不可须臾离也；可离，非道也。是故君子戒慎乎其所不睹，恐惧乎其所不闻。莫见乎隐，莫显乎微，故君子慎其独也。”《礼记·大学》中的记载内容不同，意思相仿，称“所谓诚其意者，毋自欺也。如恶恶臭，如好好色，此之谓自谦。故君子必慎其独也。小人闲居为不善，无所不至，见君子而后厌然，掩其不善，而着其善。人之视己，如见其肺肝，然则何益矣。此谓诚于中，形于外，故君子必慎其独也”。[②] 这两段话言简意赅，意味深长，意在说明在无人监督时，有没有严于律己的精神，能不能管好自己周围的人和事，能不能管住自己内心的躁动，是考验一个人品格高下的试金石。

“举头三尺有神明”，凡事能够守住约定俗成的戒律，能够对得起自己的天地良心，其实是一种做人的至高境界。吕坤认为，“无慎独工夫，不是真学问；无大庭效验，不是真慎独。终日哓哓，只是口头禅耳”[③]，倡导人们干干净净做人，规规矩矩做事，老老实实做学问。他在担任山西巡抚时，曾在自己的书斋内放置了一张新床，并且在床的两边分别镌刻了两则座右铭，其右侧的铭文是：“独室不触欲，君子所以养精；独处不交言，君子所以养气；独魂不著碍，君子所以养神；独寝不愧衾，

---

① 〔明〕吕坤：《呻吟语》卷二《修身》，北京：中华书局2008年版。

② 〔汉〕郑玄注，〔唐〕陆德明音义，〔唐〕孔颖达疏：《礼记注疏》卷五二，十三经注疏本。

③ 〔明〕吕坤：《呻吟语》卷二《问学》，北京：中华书局2008年版。

君子所以养德。”[①]同时还总结说：“慎者之有余足以及人，不慎者之所积不能保身。”[②]他反复强调“为学第一工夫，要降得浮躁之气定”，明确主张“学问以澄心为大根本，以慎口为大节目”[③]，勉励人们为人处世时把秉持真心看作一条必须遵循的底线，认为只有这样才能不忘初心，谨守本分，戒微慎独，远离虚浮。

二、进退有度常自省

吕坤主张做人要讲规矩，守法度，知进退，慎言行，并把古人所提倡的持中守敬、进退有度作为规范自己日常言行的依据。他曾多次强调：“圣门工夫有两途：‘克己复礼’，是领恶以全好也，四夷靖则中国安。‘先立乎其大者’，是正己而物正也，内顺治而外威严”[④]，认为“‘中’是千古道脉宗，‘敬’是圣学一字诀”[⑤]，为人处世的时候“心要有城池，口要有门户。有城池则不出，有门户则不纵”[⑥]。

万历二十六年（1598）秋天，吕坤撰写了一通“一师六友道脉之图”碑，版式上文下图，落款题作“万历戊戌秋抱独居士吕坤书于澄凝室”[⑦]，表现出吕坤的日常行为主张。碑文称，“昔人云：君子立身行己，自有法度。予也率意所如，多诡于道，每思几席、觞豆、户牖、弓矛，圣有箴铭，以自检也”，“乃尊一中以师之，标六物以友之，各系以赞”，

---

① 〔明〕吕坤：《呻吟语》卷二《修身》，北京：中华书局2008年版。

② 〔明〕吕坤：《呻吟语》卷二《修身》，北京：中华书局2008年版。

③ 〔明〕吕坤：《呻吟语》卷二《问学》，北京：中华书局2008年版。

④ 〔明〕吕坤：《呻吟语》卷一《谈道》，北京：中华书局2008年版。

⑤ 〔明〕吕坤：《呻吟语》卷一《谈道》，北京：中华书局2008年版。

⑥ 〔明〕吕坤：《呻吟语》卷二《修身》，北京：中华书局2008年版。

⑦ 吕坤所撰“一师六友道脉之图”碑，现藏河南省商丘市博物馆。

“而权也，轻重之；度也，短长之；准也，高下之。又直予以绳，方予以矩，圆予以规，考其中不中以质于师”，这样以来使得人们“前后左右无一非检身之物，动静食息无一非检身之时，庭室厕厩无一非检身之地”①，即使不想让自己一直置身于各种法度限制的范围内，恐怕也无法做到吧？碑文下方还绘制有对应的《一师六友图》，“中”字的内涵位居正中，右侧从上至下分别是“规”“准”“权”三个字的内涵，左侧从上至下分别是“矩”“绳”“度”三个字的内涵，内容简洁明了，语言诙谐生动，内涵丰富深刻，令人赞叹称奇。吕坤对“中”字极为推崇，视其为“道之天子”，认为“此道无外矣，此外无道矣。弥两间，极千古，此为最上，此为独尊。无之则万善皆偏，有之则万善皆赘”，如果不以“中”为准则，可能会导致“一毫千里，一瞬两分”的严重后果，“中”虽然不直接承担规矩、准绳、权度的功能，但“中”字犹如一根指挥棒，规矩、准绳、权度却都要受到它的制约。吕坤在把“中”视为老师的同时，还把“规”“矩”“准”“绳”“权”“度”比喻为六位关系密切的朋友，分别描述了这六种物品的基本特征，并赋予其深刻的文化内涵。下面将吕坤对“规”“矩”“准”“绳”“权”“度”六物的描述和赞语分列如下：

一、“规”（图右上角）：矩以方方物，太圭角矣。规不圆而能为圆，圣人哉，何恶于圆。赞曰：立者嶷然，存者挺然。才一周旋，便一周天。为轮为盖，走蹴走盘。旋乾转坤，惟尔有焉。

二、“矩”（图左上角）：端方正直，不苟君子也。孔子且不逾，予何敢逾？赞曰：四正棱棱，六合诩诩，均平天下，只须挈女（“女”通“汝”，下同，径标于后）。

三、“准”（图右中间）：大一概，小一概，概有别也，

① 〔明〕吕坤：《去伪斋集》卷七《一师六友图说》，北京：中华书局2008年版。

一概何害。赞曰：尔无高下，谁云多寡。

四、“绳”（图左中间）：体柔而用刚，身屈而道直，绳也善世矣，世其冤女（汝）乎？噫！赞曰：邪曲尔正，崎岖尔平，蚤赋归来，守黑尔容。

五、“权”（图右下角）：轻重在物，低昂在我。是谓当权，能轻重我。无加损我，我安知权。赞曰：不住中间，不住两边。不离中间，不离两边。独往独还，付女（汝）各然。

六、“度”（图左下角）：子每短长人，人辄怨之，子自不度耳，于人何尤。赞曰：不短不长，能短能长，非我短长，孰怨短长。[①]

除此之外，吕坤还在《呻吟语》中以镜子、尺子和秤不能作用于自身为喻，说明世间万物都有一定的局限性，即“鉴不能自照，尺不能自度，权不能自称，囿于物也”[②]，但那些品德高尚而又有智慧的圣人却能经常反省自己，并能够通过“自照自度自称，成其为鉴为尺为权”，从而达到“能妍媸、长短、轻重天下”[③]的目的。

做人做事一定要光明磊落、戒慎自守，也是吕坤一贯坚持的原则。他常说：“率真者无心过，殊多躁言轻举之失；慎密者无口过，不免厚貌深情之累。心事如青天白日，言动如履薄临深，其惟君子乎！”[④]又说：“屋漏之地，可服鬼神，室家之中，不厌妻子，然后谓之真学真养。勉强于大庭广众之中，幸一时一事不露本象，遂称之曰贤人君子，恐未必然。”[⑤]意思是人在独处的时候更应该严格要求自己，即便没人看到

---

① 〔明〕吕坤：《去伪斋集》卷七《一师六友图说》，北京：中华书局2008年版。

② 〔明〕吕坤：《呻吟语》卷六《广喻》，北京：中华书局2008年版。

③ 〔明〕吕坤：《呻吟语》卷六《广喻》，北京：中华书局2008年版。

④ 〔明〕吕坤：《呻吟语》卷二《修身》，北京：中华书局2008年版。

⑤ 〔明〕吕坤：《呻吟语》卷二《问学》，北京：中华书局2008年版。

自己的行为也要警惕谨慎，即便没人听到自己的言论也要警醒戒备，因为一个人内心深处的自然情感在隐晦之处和细微之时最容易不自觉地流露出来，所以正人君子更应进退有常，防微杜渐，如履薄冰，如临深渊，既要做到心底无私天地宽，又要提醒自己谨言慎行，时时处处遵守国家法度，遵循社会道德准则。

此外，吕坤还善于用比喻的方法来阐释自己的观点。如他以“瓦砾在道”的社会现象来比喻常见的人生哲理，称“瓦砾在道，过者皆弗见也，裹之以纸，人必拾之矣。十袭而椟之，人必盗之矣”[①]，说明人们对常规的现象往往视而不见，而对于加以掩饰的东西则存在着强烈的猎奇心理，所以那些正人君子反其道而行之，“惟光明者不令人疑，故君子置其身于光天化日之下”[②]。因此，无论人们身处何地，无论事物本身是丑陋还是美好，关键在于自己内心的评判，所以那些圣人君子为人处世都能做到光明磊落，不刻意掩饰自己的情绪。无论他们对人或事喜爱还是憎恨，都认为事情的关键在于别人的感受，所以不会对别人横加干涉，而是经常反省自己的所作所为，谨言慎行，内外一致，表里如一，而不像有些虚伪之人，说话做事当面一套，背地里又一套。

三、洁身自好惜名节

吕坤认为：“孟子看乡党自好看得甚卑，近来看乡党人自好底不多，爱名惜节，自好之谓也。”[③]

孔孟之道是儒家文化的核心内容，孔子和孟子关于乡党的论述也稍

---

① 〔明〕吕坤：《呻吟语》卷六《广喻》，北京：中华书局2008年版。

② 〔明〕吕坤：《呻吟语》卷六《广喻》，北京：中华书局2008年版。

③ 〔明〕吕坤：《呻吟语》卷二《修身》，北京：中华书局2008年版。

有区别。《论语·乡党》有云："孔子于乡党，恂恂如也，似不能言者。其在宗庙朝庭，便便言，唯谨尔。"按照周制，一万二千五百家为乡，五百家为党。这里的"乡党"一词，泛指家乡或乡里。而《孟子·万章上》称"自鬻以成其君，乡党自好者不为，而谓贤者为之乎？"[①]意思是说，靠出卖自身来引起国君的注意这种行为，连乡里洁身自好的人都不会这样去做，更何况像百里奚这样的大贤呢？南宋朱熹集注将"乡党"解释为同乡或乡亲，并将"自好"一词注释为"自爱其身之人也"，意思是那些同乡不愿意做洁身自好之事，难道那些所谓的贤德之人就愿意去做吗？

在孟子看来，"人皆有不忍人之心"，即人都有不愿意伤害别人的初心，"今人乍见孺子将入于井，皆有怵惕恻隐之心；非所以内交于孺子之父母也，非所以要誉于乡党朋友也，非恶其声而然也"[②]。假如看到一个孩子可能会掉进井里，周围的人们一定都会心生恐惧，原因不是这些人想要和这个孩子的父母攀上交情，也不是想要在众多乡亲朋友面前博取好名声，也不是讨厌那个孩子的哭喊声，而是发自内心的担忧恐惧。此外，孟子还反复强调贤人可以凭借仁义思想获得别人尊重的道理。如《孟子·公孙丑下》"孟子将朝王"章中，面对景子"固将朝也，闻王命而遂不果，宜与夫礼若不相似然"的辩解，孟子引用曾子的话来说明自己的观点，指出"晋楚之富，不可及也。彼以其富，我以吾仁；彼以其爵，我以吾义，吾何慊乎哉"[③]，认为曾子的观点与景子的说法虽然不同，但内在的道理应该是一致的，并非其说法没有道理，也不是曾子随便拿来说说的缘故。不仅如此，孟子还表明自己眼中获取别人尊重

① 〔清〕焦循：《孟子正义》卷九《万章上》，北京：中华书局影印诸子集成本。

② 〔清〕焦循：《孟子正义》卷三《公孙丑上》，北京：中华书局影印诸子集成本。

③ 〔清〕焦循：《孟子正义》卷三《公孙丑下》，北京：中华书局影印诸子集成本。

的三种途径，即“天下有达尊三：爵一，齿一，德一。朝廷莫如爵，乡党莫如齿，辅世长民莫如德。恶得有其一以慢其二哉？故将大有为之君，必有所不召之臣，欲有谋焉则就之。其尊德乐道不如是，不足与有为也”[①]。这一说法与《庄子·天道》中“宗庙尚亲，朝廷尚尊，乡党尚齿，行事尚贤，大道之序也”[②]的说法相类似，都是符合天地万物生存发展的自然规律和社会秩序的，蕴含着朴素的哲理思想。所以吕坤认为，孟子对乡党们不愿意洁身自好的现象并不满意，而当前乡党们能够做到洁身自好的人也不多，他们哪里明白，其实爱惜自己的名节就是洁身自好最突出的表现啊。

四、忠君爱民担道任

吕坤认为：“古之居民之上者，治一邑则任一邑之重，治一郡则任一郡之重，治天下则任天下之重。朝夕思虑其事，日夜经纪其务。一物失所，不遑安席；一事失理，不遑安食。限于才者求尽吾心，限于势者求满吾分，不愧于君之付托，民之仰望，然后食君之禄，享民之奉，泰然无所歉，反焉无所愧。否则是食浮于功也，君子耻之。”[③]吕坤忠君爱民、勇担重任的思想源远流长。

忠君爱民是中国古代爱国主义思想的基本内涵和重要表现形式，具有悠久的历史传统和深刻的社会影响。早在春秋战国时期，统治阶级已经开始把宗法制和天命论作为维护诸侯国和王权统治的舆论工具。如《礼记·大传》称：“人道亲亲也，亲亲故尊祖，尊祖故敬宗，敬宗故收族，

① 〔清〕焦循：《孟子正义》卷三《公孙丑下》，北京：中华书局影印诸子集成本。

② 〔清〕王先谦：《庄子集解》卷四《天道》，北京：中华书局影印诸子集成本。

③ 〔明〕吕坤：《呻吟语》卷二《修身》，北京：中华书局2008年版。

收族故宗庙严，宗庙严故重社稷，重社稷故爱百姓。”这段话就旨在强调宗法制度对于巩固王权统治的重要意义。孔子在《论语·八佾》中所云“君使臣以礼，臣事君以忠”[①]，左丘明在《左传·襄公十四年》中所云“君薨不忘增其名，将死不忘卫社稷，可不谓忠乎”[②]，荀子在《荀子·臣道》中所云“有大忠者，有次忠者，有下忠者，有国贼者。以德复君而化之，大忠也；以德调君而补之，次忠也；以是谏非而怒之，下忠也；不恤君之荣辱，不恤国之臧否，偷合苟容，以之持禄养交而已耳，国贼也”[③]，孟子在《孟子·离娄上》中所云“欲为君尽君道；欲为臣尽臣道。二者皆法尧舜而已矣。不以舜之所以事尧事君，不敬其君者也；不以尧之所以治民治民，贼其民者也”[④]，从不同角度阐发了他们对忠君思想的不同理解。但无论是孔子提倡的各司其职的忠恕观念，左丘明主张的忠贞爱国之情，还是荀子划分的忠君的不同等级，以及孟子关于君道与臣道、事君与治民内在关系的论述，都旨在倡导和传播忠君爱国的思想。

明嘉靖年间以直言敢谏著称的兵部员外郎杨继盛，用一副对联“铁肩担道义，辣手著文章”表现出自己的坦荡襟怀和铮铮铁骨，也对吕坤的治政思想产生很大的影响。他在《修身》一文中写道：“大事难事看担当，逆境顺境看襟度，临喜临怒看涵养，群行群止看识见。”[⑤]在吕坤看来，为官不能“食浮于功也”。

“食浮于功”语出《礼记·坊记》，原文中这样记载：“君子辞贵不辞贱，辞富不辞贫，则乱益亡。故君子与其使食浮于人也，宁使人浮

---

① 〔清〕刘宝楠：《论语正义》卷四《八佾》，北京：中华书局影印诸子集成本。

② 杨伯峻：《春秋左传注》，北京：中华书局2016年版。

③ 〔清〕王先谦：《荀子集解》卷九《臣道》，北京：中华书局影印诸子集成本。

④ 〔清〕焦循：《孟子正义》卷七《离娄上》，北京：中华书局影印诸子集成本。

⑤ 〔明〕吕坤：《呻吟语》卷二《修身》，北京：中华书局2008年版。

于食。”郑玄注的解释是“食谓禄也，在上曰浮，禄胜己则近贪，己胜禄则近廉”，意思是说：一个人所获得的俸禄如果超过了自己的能力与贡献，其实质与贪污相差不远；反之，则可以称得上是廉洁奉公。古代那些有才德的君子都是宁愿让自己的能力远远超过所得俸禄，却不愿意所得俸禄超过自己的贡献，否则就会有愧于心，视之为极大的羞耻。

五、君子当怀终身忧

吕坤多次强调君子当怀终身之忧。他在《呻吟语·问学》中两次批评王艮“以乐为学”的做法，并提出完全不同的观点。

其一曰：

> 王心斋每以乐为学，此等学问是不曾苦底甜瓜，入门就学乐，其乐也，逍遥自在耳！不自深造真积、忧勤惕励中得来。孔子之乐以忘忧，由于发愤忘食；颜子之不改其乐，由于博约克复。其乐也，优游自得，无意于欢欣，而自不忧；无心于旷达，而自不闷。若觉有可乐，还是乍得心；著意学乐，便是助长心。几何而不为猖狂自恣也乎？①

其二曰：

> 点检将来，无愧心，无悔言，无耻行，胸中何等快乐！只苦不能，所以君子有终身之忧。常见王心斋《学乐歌》，心颇疑之，乐是自然养盛所致，如何学得？②

《学乐歌》又名《乐学歌》，是一篇通俗易懂、饶有趣味的作品。其作者王心斋（1483—1541）初名银，字汝止，号心斋，泰州安丰（今

① 〔明〕吕坤：《呻吟语》卷二《问学》，北京：中华书局2008年版。

② 〔明〕吕坤：《呻吟语》卷二《问学》，北京：中华书局2008年版。

属江苏）人，后拜明代著名哲学家、思想家王阳明为师，王阳明为其改名王艮。他一生以布衣传道，认为“百姓日用即道”，强调“知之为知之，不知为不知，是天德良知也”，终身不入仕途，“入山林求会隐逸，过市井启发愚蒙，沿途聚讲，直抵京师”，轰动一时。后来，王艮在泰州安定书院讲学授徒多年，创立了传承王阳明心学的泰州学派，虽因倡言“师道立则善人多，善人多则朝廷正，而天下治矣”而被人斥为“异端”，但传承其学说的子弟有近五百人，徐越、王栋、罗汝芳、何心隐等人是其中的佼佼者。明末清初思想家黄宗羲称赞泰州学派“赤手以搏龙蛇”的江湖侠士之风[①]；《明史·儒林传》称在王守仁遍布天下的众多弟子中，王艮“以布衣抗其间，声名反出诸弟子上”[②]；其再传弟子李贽则盛赞王艮之学“以悟性为宗，以及己为要，以孝弟为实，以乐学为门，以太虚为宅，以古今为旦暮，以明学启后为重任，以九二见龙为正位，以孔氏为家法”，并称其“晚作《格物要旨》《勉仁方》诸篇，或百世不可易云”[③]。

王艮为学注重口传心授，故著述不多，现存多为其后裔及门人辑录整理之作，如《安定书院讲学别言》《格物要旨》《勉仁方》《王道论》《答徐子直书》《明哲保身论》《乐学歌》《孝悌箴》等，多为数百字至一二千字的短文。《乐学歌》主要讲读书过程中的乐趣。其文略曰：

人心本是乐，自将私欲缚。私欲一萌时，良知还自觉。一觉便消除，人心依旧乐。乐是乐此学，学是学此乐。不乐不是学，

---

① 〔清〕黄宗羲著，沈芝盈点校：《明儒学案》卷三五《泰州学案四》，北京：中华书局1985年版。

② 〔清〕张廷玉等：《明史》卷二八三《王畿传》附《王艮传》，北京：中华书局1974年版。

③ 〔明〕李贽著，张光澍点校：《续藏书》卷二二《王心斋公艮》，北京：中华书局1959年版。按：此处王艮传记题目据该书目录录入，正文中题作《心斋王公》。

不学不是乐。乐便然后学，学便然后乐。乐是学，学是乐。于呼！

天下之乐何如此学，天下之学何如此乐！[①]

此文一出，在当时立即引起很大的反响。如明人刘宗周称“学乐公案，满盘托出。就中‘良知’二字，是吃紧为人处。良知之在人，本是惺惺。从本体上说，即天理之别名。良知中本无人欲，所谓人欲，亦从良知受欺后见之，其实良知原不可欺也。吾自知之，吾自致之，此之谓自谦。此是人心真乐地。子云‘饭疏食，饮水，曲肱而枕之，乐亦在其中矣’，正谦此良知之谓也。颜子之乐亦然，故曰‘有不善未尝不知，知之未尝复行也’。圣人直是无所不知耳”[②]，对其深层含义解释较为清晰。王艮去世时，吕坤年方五岁，但他在后来的学习中却对此书体会较深。

吕坤《呻吟语·问学》中论及“君子有终身之忧”一段话意思是，将来在回顾自己过往的经历时，如果能够做到不为自己的内心而羞愧、不为自己的言论而后悔、不为自己的行为而羞耻，那么人们的心中将会多么快乐啊！很多人不是不想这样做，而是苦于无法做到。人的想法与行为往往会产生一些不易调和的矛盾，比如“小人亦有坦荡荡处，无忌惮是已；君子亦有常戚戚处，终身之忧是已”[③]，所以那些品德高尚的谦谦君子才会有终身之忧。我经常诵读王心斋先生所著的《乐学歌》，心里却很是怀疑他的说法，因为快乐应该是自然而然养成的，怎么能够靠学习来获得呢？这一忧一乐之间，生动地表现出吕坤的忧乐观念和治学境界：吕坤胸中的快乐是建立在对自己以前的经历无愧无悔的基础上，所以他对于前辈学者的著述和观点，既不同于白居易在《辩兴亡之由策》中所说的“乐人之乐，人亦乐其乐；忧人之忧，人亦忧其忧”，也不同

---

① 〔明〕王艮：《王心斋先生遗集》卷二《乐学歌》，清宣统二年刻本。

② 〔明〕刘宗周：《刘子全书》卷八《寻乐说》，清道光十五年刻本。

③ 〔明〕吕坤：《呻吟语》卷一《存心》，北京：中华书局2008年版。

于范仲淹《岳阳楼记》中所说的“先天下之忧而忧，后天下之乐而乐”，而是加入了自己对生活的理解和判断，尽量做到秉持真心无妄念，“作本色人，说根心话，干近情事”[①]，在阅读学习过程中顺其自然地获得快乐的体验。

六、大智若愚守“四端”

吕坤明白，正因为任何人都可能会犯错误，所以那些大智若愚的人们最值得景仰。他引用《诗经》中充满哲理的话语，深入浅出地说明了这个道理：“愚者人笑之，聪明者人疑之。聪明而愚，其大智也夫。《诗》云：‘靡哲不愚。’则知不愚非哲也。”[②]

他强调立身要与人为善，行己要谨守“四端”，“心术以光明笃实为第一，容貌以正大老成为第一，言语以简重真切为第一”[③]，同时要清醒地认识到，“四端自有分量，扩充到尽处，只满得原来分量，再增不得些子”[④]，所以关键时候一定要有所取舍，“与其抑暴戾之气，不若养和平之心；与其裁既溢之恩，不若绝分外之望；与其为后事之厚，不若施先事之薄；与其服延年之药，不若守保身之方”[⑤]。

这里所说的“四端”，是指儒家所主张的四种德行，即恻隐之心、羞恶之心、辞让之心、是非之心，被视为仁、义、礼、智之端。语出《孟子·公孙丑上》：“恻隐之心，仁之端也；羞恶之心，义之端也；辞让之心，礼之端也；是非之心，智之端也。人之有是四端也，犹其有四体也。”

① 〔明〕吕坤：《呻吟语》卷二《修身》，北京：中华书局2008年版。

② 〔明〕吕坤：《呻吟语》卷二《修身》，北京：中华书局2008年版。

③ 〔明〕吕坤：《呻吟语》卷二《修身》，北京：中华书局2008年版。

④ 〔明〕吕坤：《呻吟语》卷二《修身》，北京：中华书局2008年版。

⑤ 〔明〕吕坤：《呻吟语》卷二《修身》，北京：中华书局2008年版。

吕坤认为，儒家先贤所倡导的这四种美德都有一定的限度，即便将其扩充到极限，也只能达到其自身的最大限度，再也无法增加新的容量，所以一定要谨慎坚守那些最重要、最基本的东西。一个人在成长的过程中，总会遇到各种各样的人和事，也不可避免地会出现一些失误，或犯下一些错误，如何正确地对待过错，也是判断一个人的人生态度是否积极和理想、目标是否远大的重要标准。

吕坤非常推崇“道不同不相为谋”的观点，认为“与人为善，真是好念头。不知心无理路者，淡而不觉；道不相同者，拂而不入。强聒杂施，吾儒之戒也”[①]，并举了孔子“启愤发悱，复三隅，中人以下不语上”的例子，指出孔子这些举动并不是因为他“倦于诲人”，而是因为如果不这样对教、学双方都没有好处，所以才会有“大声不烦奏，至教不苟传”的说法。在吕坤看来，那些品德高尚的君子既有颜回“不贰过”的决心，又有子路“闻过则喜”的勇气，所以在大是大非面前，往往能够正确地对待自己所犯的过错，做出不同寻常的选择，“有过不辞谤，无过不反谤，共过不推谤”[②]，及时改正错误，不断修正自己、完善自己、提升自己，这也许就是人们常说的“谤无所损于君子”吧！

总之，面对多姿多彩的红尘世界，人们常常会脱离自己的人生支点而迷失心性，或者为了眼前的蜗角虚名或蝇头微利而违心背德，说些言不由衷的话语，做些迫不得已的事情，或者从最初的不由自主逐渐发展为心甘情愿，逐渐陷入万劫不复的黑暗深渊。为了避免历史悲剧的重演，每一个积极向上的人都应当时刻秉持真心，努力戒微慎独，遇事心底清明，静观人生百态，准确分辨出善良和邪恶、真实和虚妄、美德和陋习、忠诚和狡诈、担当和逃避的内涵，这样人们的内心就不会被事物华丽的

---

① 〔明〕吕坤：《呻吟语》卷二《问学》，北京：中华书局2008年版。

② 〔明〕吕坤：《呻吟语》卷二《修身》，北京：中华书局2008年版。

外表所迷惑，才能懂得“悟者吾心也，能见吾心便是真悟”[1]的深刻道理，最终认清事物的内在本质和发展方向。

① 〔明〕吕坤：《呻吟语》卷二《问学》，北京：中华书局2008年版。

中国自古以来就有重视家风家训的传统。这是古代农耕文明的产物，更是古人生存智慧的结晶，在引导人们崇善向上、教育人们明礼诚信、规范人们言谈举止、维系家族团结稳定等方面发挥了非常重要的作用。吕坤不仅数十年如一日地孝亲敬老，而且对待兄弟妻子也重情重义，完美地诠释了“忠厚传家久，诗书继世长”的良好家风。

一、夫义妇顺睦姻亲

吕坤一向崇尚君子之风，对于儒家所倡导的封建伦理关系严格遵循。他在《为善说示诸儿》中谈到圣人君子对待生活的态度，称无论吉凶、祸福、毁誉，他们始终保持“为善自若”的态度，“推恩有序，由亲及疏，不惜有罪，不忍无辜”，目的在于使“父慈子孝，兄爱弟敬，夫义妇顺，家人和，姻族睦，不伤人，不害物，安常处顺，以求无负于民彝，如斯而已矣”[①]，追求崇高的人生境界。

作为一位传统的封建士大夫，吕坤一生先后有二妻三妾，共生下三女两子。嘉靖三十年（1551），年仅十六岁的吕坤迎娶了本邑城南的于氏为妻，所生一女，四岁而殇。侧室李氏去世较早，生长女中仪，嫁给杞县生员黄元士为妻；侧室郭氏，生女正仪，

① 〔明〕吕坤：《去伪斋集》卷七《为善说示诸儿》，北京：中华书局2008年版。

嫁给归德生员沈琁为妻；侧室刘氏，生有二子，长子知畏，廪膳生员，娶虞城杨东明之女宜家为妻，次子知思，曾任光禄署丞，娶商丘杨楫之女宜室为妻。于氏亡故之后，吕坤又续娶了邓氏，主持中馈。

吕坤之妻于氏，名柏，字秀贞。吕坤与于氏同甘共苦，携手相伴，从懵懂青涩的少男少女到两鬓斑白的花甲老人，二人一起度过了四十多个春夏秋冬，可谓伉俪情深。与吕坤只生下仲女，取名为两，吕坤非常疼爱这个女儿，可惜她却四岁而殇。于氏后封孺人，加封安人。

吕坤对元配于氏的感情，表现在三件事上：

一是为于氏的季母撰写墓志铭。隆庆五年（1571），继吕坤的母亲李氏病逝之后，于氏的季母胡氏不久也去世了，吕坤为胡氏撰写了《于节妇墓志铭》，称颂她在丈夫去世后矢志不渝、为夫守节的高洁品格。胡氏虽然"质朴而方，淡无所好。景物繁华，闺阁笑语，节妇浑若不解者"，但在夫家两位兄弟的帮助下用心抚育三个年幼的孩子，饥荒之年甚至"采木叶草实和糠秕以自给"，"又力纺纴，课儿以读"，将孩子抚养成人，二子尚志后来"为学官才子弟而家渐以饶，视初孀年倍之，或不翅倍云"，应验了其亡夫临终前所说的话语，即"有两兄，我不死也；有三孤儿在，我不死也；有汝，我不死也"[①]。

二是为于氏所生之女吕两撰写了感人至深的《女两墓碣铭》。此铭短小精悍，文略事详，写出了吕两从小一直跟随父亲到极远寒之地生活，因父亲俸禄微薄而导致营养极度缺乏，不得不跟大人吃一样的伙食，后因受到惊吓得了小儿肠胃炎而致死的经过。姑照录如下：

> 两，吾女也，行仲，其母名之曰两，生于万历癸酉五月。明年，余廷对之燕，携之燕。寻铨余襄垣令，携之襄垣。再逾年而女识襄垣，以为家。丙子春，调余令大同，余携之大同。大同寒

① 〔明〕吕坤：《去伪斋集》卷九《于节妇墓志铭》，北京：中华书局2008年版。

苦甚，俸不得餍小儿，儿食长者食。性善惊，以惊得疳病，十月十日死于公寓，葬城之西南半里瓦窑村。

女秀而慧，四岁有成人识。余行役，日不归则日念之，归则停膝而喜，视余饥寒则促饮食走火。自余之远兄弟也，少长五人出，又官绝塞，少骨肉，尤怜爱之。死之夕，泪沄沄盈眥，数云“家去”，盖谓襄垣云。鸣呼！儿宁陵人也，家何在？儿有知则归宁陵。于礼殇不志，余携女依依四千里而弃之极边不以归，则余心不忍，志之。铭曰：余携汝来，余归弃汝。为宋西人，为云中土。鸣呼汝苦！[①]

小吕两出生第二年，吕坤考中进士。吕两自幼秀外慧中，善解人意，四岁的时候就像成人那样懂事，常常在心里惦记着父亲，每当父亲下班回到家，她总是认真观察父亲是不是很饥饿，然后再去厨房催促开饭，其体贴入微的小儿女情态跃然纸上。吕坤从在襄垣县做官的时候就把女儿带在身边，朝夕相处，年复一年，所以女儿跟襄垣的感情也越来越深，甚至把襄垣当成了自己的老家。后来吕坤调到大同任知县，女儿多次哭着请求父亲带自己回家。吕坤此文真实感人，听来令人声泪俱下，肝肠寸断，痛惜不已。其文章的感人程度，几乎可以与宋朝著名文学家魏了翁那首《仲女挽诗》相媲美：“荆江春梦断，虞殡夜魂孤。未及陪宗室，应难祔舅姑。一时母从子，百岁妇随夫。经礼缘情制，临风老泪枯。”

三是为返乡葬妻多次上疏。万历二十年（1592），吕坤五十七岁，其妻于氏是岁病故于太原。《去伪斋集》卷二《给假葬妻疏》记载较为详细：

为恳乞天恩俯赐照例送子还乡事。

臣闻：臣子奉公，虽不恤身家之计；圣王逮下，每悉其委

① 〔明〕吕坤：《去伪斋集》卷二《给假葬妻疏》，北京：中华书局2008年版。

曲之情。臣有衷私郁郁久矣，不得不鸣于君父之前。

万历二十年，臣巡抚山西，臣妻安人于氏在任病故，惟时臣男孤幼，臣病湿痰，具疏乞休，未蒙俞旨。次年四月，臣升都察院左佥都御史，延至八月，始得离任。山西、河南接壤，谓可便道回家，葬臣妻于祖茔，托幼子于同室。臣心无内顾，一意服官。不意是年左副都御史刘东星候代未任，左都御史李世达养病还家，一时堂官俱缺，署印无人。臣遂星夜前来，未及襄事。四年孤柩，一宅萧然。夜夜为独来独往之魂，岁岁为不生不化之骨。奠献既已无托，火烛更属可虞。臣幼子在携，念母成病，存亡两地，凄恻伤心。臣惟夫妇列于五伦，分谊不薄；臣妻聘于六礼，元配当隆。臣恋恋耽车马之荣，臣之妻子孑抱室庐之恨，薄伦若此，皇上又安用之。

查得妻无归葬之文，而子有送还之例。盖人臣不言殁，托其事于存；圣主悯其妻，因推恩于子。例许给假，暂令还乡，臣之事情，实与例合。伏乞敕下吏部，照例查覆，是皇上推屋乌之爱于一时，臣敢忘犬马之心于异日哉！谨具奏闻，伏候敕旨。①

于氏与吕坤共同生活了四十多年，只生有一个女儿，四岁时又不幸夭折。在“不孝有三，无后为大”的封建伦理观念影响下，吕坤虽娶了三房妾室，却始终坚持“糟糠之妻不下堂”，把妻子带到自己任上。在吕坤看来，于氏是自己三媒六证、明媒正娶的妻子，无论从哪个方面来看，都应当遵循封建的伦理纲常，所谓“臣惟夫妇列于五伦，分谊不薄；臣妻聘于六礼，元配当隆。臣恋恋耽车马之荣，臣之妻孑孑抱室庐之恨，薄伦若此，皇上又安用之”，多次恳请皇帝让自己回乡处理妻子的埋葬

---

① 〔明〕吕坤：《去伪斋集》卷二《给假葬妻疏》，北京：中华书局2008年版。

事宜等。

同书同卷还收录有吕坤所撰《告病初疏》《告病再疏》《告病第五疏》等文章，说明吕坤至少先后六次上疏告病乞休，均未获允准。其中《告病初疏》《告病再疏》分别呈递于万历二十三年（1595）九月初二日和九月二十一日，反复陈说自己自八月十五日以来为痰火侵夺而致“肠胃两伤，饮食俱废，虽视息尚在，而形体日羸”，“病在膏肓，遂成疣痼”[1]，甚至连医生都束手无策的身体状况。吕坤认为，“私第已不聊生，公衙岂能办事”，“臣既知有生之乐，敢忘皇上再生之恩乎”[2]，为了不因一己之私而耽误政事，他多次请求皇上“赐臣以去”，以便能“早归旧疆”，仔细调理一段时间身体，却始终未能获准。

又过了一年多，万历二十五年四月中旬，吕坤再次上疏请求罢职，即《告病第五疏》。疏文首先讲述了自己曾多次上疏乞归的原因，“赋质孱弱，生多痰病，前年大作，亦曾累疏乞归，未蒙赐允”，随后又努力在现任职位上辛勤工作了一年有余，虽然初衷很好，“甚欲竭驽骀之力，逐骐骥之群，以报皇上”，但实在是有心无力，“不意痼疾根深，每发益重，偶于本月初十日早起出门，忽然目眩头旋，颠仆在地，咽喉梗塞，神思昏迷，吐痰升许，过午方苏”，甚至到了今天仍然“手足顽麻，饮食顿废”，病情非常严重，所以恳请皇上“将臣罢斥归田，使得专意调摄”，如果能够“苟延岁月，缓就盖帷”，这都是皇上您因怜悯我而赏赐给我的生命啊。[3] 吕坤的请求越恳切，越证明于氏在他心目中位置之重要，夫妻之间“桃之夭夭，其叶蓁蓁”的情义越显得深厚。

---

① 〔明〕吕坤：《去伪斋集》卷二《告病再疏》，北京：中华书局2008年版。

② 〔明〕吕坤：《去伪斋集》卷二《告病初疏》，北京：中华书局2008年版。

③ 〔明〕吕坤：《去伪斋集》卷二《告病第五疏》，北京：中华书局2008年版。

二、兄友弟恭骨肉情

万历二十三年（1595）二月，吕坤的兄长李东园、大嫂符氏在宁陵老家先后去世时，吕坤正在京城担任刑部左侍郎之职。闻听兄嫂去世的消息，吕坤悲伤难忍，万万想不到一年多之前与兄嫂的分别，竟然变成了今天的永别，“死生大敌，兄弟至情，追忆往事，五内摧崩”，禁不住回忆起六十年兄弟之间的点点滴滴。

吕坤年少时，家境只能保持温饱，不至于饥寒交迫。等到其兄长东园公接手管理家庭事务后，才开始广置宅田，经常是顶风冒雪、晚睡早起、殚精竭虑、疲惫不堪，其间辛劳自不必说。而吕坤当时却很安闲自得，到处游学，衣食无忧，全靠兄嫂供应。兄长对待吕坤的态度，犹如父亲对待自己的孩子一样，非常疼爱；刚进门的嫂子对吕坤和蔼可亲，洗衣做饭，端茶倒水，一日三餐，都照顾得无微不至，“濯衣为履，惟嫂是待，朝饔夕餐，惟嫂是赖”。兄嫂的深恩吕坤永远难忘。正当吕坤觉得“家计渐成，儿孙满眼，正宜康宁，乐此岁晚”之际，不料兄长和嫂嫂都身患疾病，先后去世。吕坤百感交集，心如刀割，本打算奔赴家乡去送兄嫂一程，却因为“一官羁绊，欲归未能，家园南望，泪血如倾”[①]，只能在北方遥寄一篇祭文，来表达自己对兄嫂的怀念之情。

同年三月二十八日，听闻兄长和两位嫂嫂华氏、符氏要在这一天合葬于“先考文选公、先妣李安人宁原西南一世之第一穴”，因为地北天南，相隔太远，不能亲自到场相送，吕坤“乃魂飞故里，赠以玄纁二端”，又写了一篇《先兄嫂送葬文》，哭诉六十年同胞骨肉深情，一朝之间就要天人永隔，伤感不已。想到父母在戊辰年先后去世后自己的孤苦生活，不禁悲从中来，感慨“萧萧星夜，久无长伴之亲男；凄凄霜朝，仅有先

---

① 〔明〕吕坤：《去伪斋集》卷九《祭先兄嫂文》，北京：中华书局2008年版。

亡之季妇”，于是向上天发问，为什么人世间的儿女在欢乐的同时，他们九泉之下的父母会更加孤寂呢？吕坤接着又大致统计了一下家族中已经去世的人员，指出几位兄嫂到了黄泉之下，就可以与父母亲人团聚：一方面，“地下骨肉，半于世上，亲妯娌四人，庶妇两人，孙妇一人，九原有家，共此堂之乐矣”；另一方面，“二姐四姐，久在幽冥，一隧相通，共此亲戚之乐矣”，而年已六十的吕坤“发半白，齿半遥”，恐怕也将不久于人世吧？最后，吕坤请兄嫂转告九泉之下的父母，言说自己“从宦仁慈，立朝正直，不辱名丧德以贻父母羞”，等到哪天再得到朝廷的封赏，让祖父母和父母都能得到三品官员的恩赠，他就会挂冠归家，等把年龄幼小的孩子抚育长大，自己就能到黄泉之下跟父母亲人重聚了。

最后，作者将阴阳之隔比作茫茫旅途的岔路口，内心里与兄嫂难舍难分，自言“与兄恋恋难割者世情，与兄惓惓相慰者达语也”[①]，字字含泪，情真意切，感人至深，生动地表现出吕坤与兄嫂之间的真情。

如果说吕坤对兄嫂的感情近似于对待父母，那么他与三弟见朴的感情则更加亲密无间。万历二十八年（1600）十月，吕坤的三弟吕见朴也不幸病逝，吕坤又撰写了一篇悲难自禁的《祭三弟文》。这篇祭文首先回忆了年少时期兄弟二人“维予与弟，共一爹娘。生而接乳，寝则同床”的场景；接着交代了兄弟们成亲之后分室而居、分乡邑而居的情况，感伤兄弟们为了生计而奔波聚少离多的日子，如今竟然又是天人永隔；最后则是向先走一步的三弟保证，“惟是一息余生，为弟两儿作生。汝兄能体汝心，汝子肯从吾语”，要好好照顾两个侄儿，虽然“家食虽设，不能共觞。一字一泪，断我肝肠”[②]，传达出与上文相类似的悲伤基调。

① 〔明〕吕坤：《去伪斋集》卷九《祭先兄嫂文》，北京：中华书局2008年版。

② 〔明〕吕坤：《去伪斋集》卷九《祭三弟文》，北京：中华书局2008年版。

三、耕读传家宜子孙

法国作家罗兰说过这样一句话："生命不是一个可以孤立成长的个体。它一面成长，一面收集沿途的繁花茂叶。"而良好的家风家训，犹如那润物无声的绵绵春雨，犹如那久而不闻的芝兰之香，犹如那最能滋养人们心灵的繁花茂叶，是睿智的先辈们留给后世子孙的为人处世的精神宝库，具有历久弥新的文化价值。

万历年间吕坤担任山西提刑按察使时，曾经刊刻过一通石碑，题作《近溪隐君家训》，现藏于太原市永祚寺碑廊。该石碑高六尺，宽二尺，楷书字方二寸，迄今已有四百余年历史，表现了我国古代良训有方、传承有序的教化传统。碑文如下：

> 存阴骘心，干公道事，做老成人，说实在话，把天理先放在头直上。处人只要个谦□，居家只要个和平，教子只要个学好，吃穿只要个饱暖，房舍家火只要个坚牢，有□冠婚丧祭只要个合礼。才开口便想这话中说不中说，才动身便想这事该做不该做，才接人便想这人可交不可交，才见利便想这物该取不该取，才动怒便想这□该忍不该忍。处身要俭，与人要丰。见善就行，有过便认。尤可戒者，奢侈一节，今人□作无益，只图看相强。似费了财帛夸俗人眼目，不如那些钱粮救穷汉性命。锦上添花何用？彼冬无破絮者皆天地生灵。案前积肉何为？彼日无饱糠者皆同胞赤子。看那悭吝攒钱之人，生骄奢破家之子。天道甚明，愚夫不悟，尔切记吾言！万历辛卯山西按察使仲男吕坤刻石。①

从这段碑文中可以看出，吕坤用浅显易懂的文字直截了当地表明自己为人处世的原则、立场、方法、手段，倡导人们做忠厚老成之人，行

① 刘涛：《由〈近溪隐君家世〉碑说吕坤》，《文物世界》2013年第6期，第49页。

忠厚老成之事，多做雪中送炭之事，多做锦上添花之举。他曾这样告诫自己的儿子："你看那老成君子，宫室不如人，车马不如人，衣服饮食不如人，仆僮器用不如人，他却学问强似人，才识强似人，存心制行强似人，功业文章强似人。较量起来，哪个该愧耻！"在吕坤看来，如果在学问、才识、心气和文章等方面技不如人，那才是最令人羞愧不已的事情。

吕坤家族经历过最底层的苦难，品尝过生活的艰辛，对于万历年间普遍的奢靡之风比较抵触，所以常常教育族中子弟为人处世要追求高远的境界，不跟别人攀比物质生活，而是在学问、功业等方面和人较量，这样才能有所成就。"大其心容天下之物，虚其心受天下之善，平其心论天下之事，潜其心观天下之理，定其心应天下之变。"[①] 意思是通过沟通人们的内在心灵与外在物质，从而在"变"与"不变"的相互调整过程中，不断认识世间万物，适应客观规律，应对外物流转，应付天下事件。

《去伪斋集》卷七收录有《孝睦房训辞》，是吕坤对吕氏家训的高度概括和总结。内容如下：

传家两字，曰"读"与"耕"。兴家两字，曰"俭"与"勤"。安家两字，曰"让"与"忍"。防家两字，曰"盗"与"奸"。亡家两字，曰"淫"与"暴"。

休存猜忌之心，休听离间之语，休作生分之事，休专公共之利。吃紧在各求尽分，切要在潜消未形。子孙不患少而患不才，产业不患贫而患喜张，门户不患衰而患无志，交游不患寡而患从邪。

不肖子孙，眼底无几句《诗》《书》，胸中无一段道理，

① 〔明〕吕坤：《呻吟语》卷二《修身》，北京：中华书局2008年版。

神昏如醉，体懈如瘫，意纵如狂，行卑如丐，败祖宗成业，辱父母家声。是人也，乡党为之羞，妻子为之泣，岂可入吾祠、葬于吾茔乎？戒石具左，朝夕诵思。[①]

这段文字共分三层含义：第一，一个家庭要想实现长久的发展和繁荣，必须把握好传家、兴家、安家、防家和亡家的关键之处，努力做到耕读、勤俭、忍让，坚决杜绝奸盗、淫暴，这些堪称培育良好家风的重中之重。第二，为人处世要谨守本分，防微杜渐，不惹是生非，不贪占离间，鼓励后世子孙做正直无私的人，做顶天立地的事。第三，古往今来的不肖子孙大多有一个共同特点，那就是胸无点墨，不学无术，成事不足，败事有余，祖祖辈辈辛苦挣下的偌大家业，很快就被败坏一空，人老几辈积累下来的良好家风，一个负面事件就将其化为泡影。像这种“败祖宗成业，辱父母家声”“乡党为之羞，妻子为之泣”的生活败类，又怎么能让他死后进入祠堂、葬入祖茔呢？

总之，两相对比，正可以看出“忠厚传家久，耕读继世长”这一古训的意义所在：忠厚是“品德”，具有滋养万物而不争的胸怀，是任何一个人、一个家族、一个国家都大力倡导的美德；“耕读”是“才能”，是人生在世必须掌握的安身立命之本，是学习知识技能、提高自身修养、促进家族和谐的重要内容。二者相辅相成，相互促进，共同构成中华民族传统文化的重要组成部分。

① 〔明〕吕坤：《去伪斋集》卷七《孝睦房训辞》，北京：中华书局2008年版。

明末清初思想家黄宗羲在《明儒学案发凡》中说过："大凡学有宗旨，是其人之得力处，亦是学者之入门处"，"学问之道，以各人自用得著者为真。凡倚门傍户，依样葫芦者，非流俗之士，则经生之业也。此编所列，有一偏之见，有相反之论，学者于其不同处，正宜著眼理会，所谓一本而万殊也"[①]。强调学问宗旨是作者学术精神之体现，是作者学术研究之自得，对于后世从事学术史研究者有很大启迪。

从嘉靖十五年至万历元年，吕坤在三十多年的读书生活中，逐渐养成了持之以恒的学习态度，表现出"学求自得悟乃休"的探求精神，孜孜不倦地追寻修身齐家治国平天下的理想境界。

一、积善人家庆有余

明代工匠属于庶民阶层，分为官匠和民匠两大类。明人李昭祥《龙江船厂志·孚革志》列举有五种"律己之弊"，即"慎任使""杜请托""平市价""略势分""察扣减"，其中"察扣减"条称"夫工匠执役于官，晨出暮归，岂真有奉公之义哉，为糊口计也。兴工之初，工食未领，先称贷以自给，工完支银计其出息，十已损二矣！而府吏胥徒，蚕

① 〔清〕黄宗羲著，沈芝盈点校：《明儒学案》，北京：中华书局1985年版。

食于公门者，又方聚喙而睁目焉，故匠工之所得者，仅十之六七耳”[①]，可以看出明代工匠的整体生活状况相当艰辛。有关史料记载：明代江南地区的自耕农所占田地之数，少者为 3~5 亩，中者为 5~10 亩，多者不超过 40 亩；而北方地区凡是家中田产达到百亩，往往就不亲自力作，而是雇佣佃户耕作，其中尤以河南最为典型。

一个家庭的主要收入来源，是维系整个家庭日常生计的基本物质保障。吕坤的家族也属于匠籍，因为明朝初年立有军功，所以其祖上从洛阳迁居宁陵后，逐渐由处于社会生活的最下层的匠籍发展成“五世同堂”的乡间大族。吕坤《去伪斋集》卷七中收录了其奉父命所作《知足说自警》一文，曾对其家庭生活状态进行过较为详细的描述。文曰：

> 吾当古八口之家者二，而有田二千亩，岁丰可入五百石，已逾分矣。妻子有衣帛食肉者，仆无冻馁者，客至有可以供宴乐之需者，冻者馁者号其前有可以遂吾不忍之心者，隶卒无叫号其门者。所欠惟大礼三五十金之费，则营营余怀，及珍华玩好之物，绮绣肥鲜金犊上驷油壁车耳，九品官千钟禄耳，金珠不积耳。

与那些收入微薄的明代工匠相比，吕氏家族拥有 2000 亩田地，年收入 500 石，生活还是比较富足的，唯独欠缺那些象征着权贵富豪身份地位的官位爵禄、金银珠宝、宝马香车等，属于有着相对富足的物质生活而缺乏较高的政治地位的阶层。

俗话说：“向阳门第春常在，积善人家庆有余。”富足的生活条件为吕坤创造了相对宽松的学习环境，而明代规定科举及第者和各级官员

---

① 〔明〕李昭祥撰：《龙江船厂志》卷六，南京：江苏古籍出版社1999年版。转引自陈宝良：《明代社会各阶层的收入及其构成——兼论明代人的生活质量》，《西南大学学报（社会科学版）》2016年第3期，第162页。

能够获得优免特权和优厚回报，则是吕氏家族极力支持族中子弟读书应试的强大动力。特别是吕坤的父亲吕得胜，在重视家庭教育、承担宗族事务、淡泊仕途名利、关心民生疾苦、著书立说明志等方面言传身教，对吕坤的思想和行为产生了潜移默化的影响。

二、博览群书悟经旨

《宁陵县志》中记载了几则吕坤年少时机敏应对的故事，认为其从小就表现出非同寻常的理解力。

吕坤六岁时入乡塾就学，最初学习的内容就是诵读儒家经典《论语》。吕坤不像一般的孩子那样只求熟练背诵，而是针对曾子所说的“吾日三省吾身：为人谋而不忠乎？与朋友交而不信乎？传不习乎？”一段话，向老师请教“信”字的不同含义。这种通过逐字逐句理解字词意思来掌握全句或全篇内容的学习方法，有助于更准确地把握文章主题，效果非同一般。而吕坤在一个寺庙前机智应对的故事，也表现出他的与众不同。

吕坤曾经到一个寺庙去，有人故意为难他，要求他必须给一副题为“泥土地”的上联对出下联才能进入，吕坤脱口而出，以“铁金刚”三个字为对，其机智和聪慧令围观者啧啧称道。

吕坤的好友邹元标在《新吾吕公墓志铭》一文中，曾对吕坤治学路径和思想倾向加以阐释，可谓知人之语。他说：

> 公学主敬，敬则定，定则于诸事如烛照数计，纤毫不爽，理所必然。五行之中，金为最刚，刚则不屈于物欲。彼教家以金刚为护法善神，公欲儒门定而不摇，视诸异教不使阑入，其卫吾道甚严。公初时所占对“铁金刚”者，若自况然，是自幼时已定矣。

吕坤十二岁时，参加了在县里举行的童生（或秀才）考试。当时县令看他年幼，怀疑他提交的文章不是自己撰写的，所以在覆试时故意以“放告”为题目来检验其真假。

所谓“放告”，是指旧州县衙门定期挂牌准予告状的做法。对于一个不谙世事的十二岁少年来说，这是一道非常冷僻的考题。谁知吕坤在答卷时直接以“君子欲无讼，故先听讼焉”破题，不仅用短短十个字高度概括了这篇文章的主旨要义，而且采取由果推因、欲扬先抑的手法，牢牢抓住读者的阅读心理，就连最初对其持怀疑态度的县令也拍手称奇。

吕坤十五岁时开始大量阅读文献典籍。吕坤在之后的《答宗伯孙月峰》中自称“读书兰若，禅家六籍，亦所饱谙，然亦不为所蔑”，无论传统的儒家经典、史学著作、佛教典籍、医学文献，还是那些探究人性与天理规律的性理之书等，都多有涉猎且欣然有会，并根据自己的思考和理解写出了《夜气钞》和五言长诗《招良心诗》等作品。二十岁那年，吕坤举茂才第一。他多次在考试中名列榜首，终于成为享受廪膳补贴的生员，为以后参加乡试、会试、殿试创造了条件。

吕坤强调读书要“心悟”，其治学思想在一定程度上受到宋代思想家张载和陆九渊等人的影响。

张载（1020—1077年），字子厚，先世为大梁人，因其父张迪知涪州时卒于西官，不得已“侨寓于凤翔郿县横渠镇之南大振谷口”[①]，所以世称横渠先生，历任著作佐郎、崇文院校书等职。他晚年辞官归里，在关中地区讲学授徒，创立了“关学”一派，后人尊称其为张子。张载是理学创始人之一，与周敦颐、邵雍、程颐、程颢并称“北宋五子”，有《正蒙》《横渠易说》《经学理窟》《张子语录》等著作传于世。张载极力倡导“为学大益在自求变化气质，不尔皆为人之弊，卒无所发明，

---

① 〔宋〕张载：《张载文集》附录的吕大临撰《横渠先生行状》，北京：中华书局1978年版。

不得见圣人之奥”“义理有碍，则濯去旧见以来新意”的治学精神[①]，并将其读书求知的方法概括为几个方面，一是用心、熟读、精思，二是经常、不懈，三是去疑、求新，四是勿助、勿长，五是讲论、开塞，六是实作、实行等，深得后世学者的赞赏。如朱熹《近思录》卷三就这段话加阐释，其文曰：“此合下节，即日知所亡月无忘所能之意也。义理有疑于心者，只缘执意而不化，心有所系吝，不能推而广之，是以知识为之蔽塞，须濯去旧见，如去浑水，引出清者来，便觉新意活泼流动而疑可释矣。今学家固滞不同，多为旧见不濯之病。张子之言，示人之意切矣。”[②]

吕坤晚年曾经自撰墓志铭讲述自己少年时的读书生活场景：“质困钝，读两叶书，旦夜不成诵，看书亦不甚解。博涉坊刻训诂家言，益乱，益不解。乃一切弃置之，默坐澄心，体认经旨，不了悟不休。”[③]在反复阅读和深入思考的基础上，经过“我入于书”和“书归于我”的不同阶段，吕坤对所读著作的内容逐渐达到了“过目即得，一得久不忘”的境界，并结合自己的学习实践称这一学习结果“非诵读之力也”。由此可以看出，吕坤认为自己不是天资聪颖之辈，也没有少年早慧的潜质，而是经历了从不知其解到冥思苦想，再到突然领悟的过程。

三、发明六经学孔孟

吕坤受儒家思想的影响很深，无论是学术著作还是日常言行中，时时可见儒家经典或儒家思想的烙印。他知识渊博，著述宏富，推崇孔孟，

① 〔宋〕张载：《张子语录》，收入《张载文集》，北京：中华书局1978年版。

② 〔明〕吕坤：《去伪斋文集》卷九《自撰墓志铭》，北京：中华书局2008年版。

③ 〔宋〕朱熹编，〔清〕张伯行集解：《近思录》卷三，《丛书集成初编》本。

发明六经，其著作多以儒家思想为指引，同时又多有创见。其中《经书断取序》一文就集中体现了吕坤治学从“我注六经”到“六经注我”的思想历程。

作者从生活中习见的断章取义现象入手，指出“河有定流，吾取以灌园，则南北东西无所决而不可；木有定体，吾取以为器，则榱桷梁栋无所截而不宜”，直接表明自己对此现象的观点，即“理本无执用，各有当也”“言何尝有定，惟其理而已”；同时，作者还讲述了自己诵读经典、引用经典的基本情况以及别人对其治学方法的不同态度，“余读六经，每触类而通其似焉，随事引用，久而成帙。守株者以为离经畔道，非其指归”，并针对别人的指责阐明自己的观点，“吾不敢谓其无稽，则明于穷经，而暗于引经者也。穷经者，因圣言而探其心，茧丝牛毛，逼真矣，而犹惧其疑似。引经者，借圣言而广其意，海阔天空，破界矣，而犹惧其拘泥”。吕坤认为，“穷经者”和“引经者”遵循的是两种截然不同的治学思路：“穷经者”通过钻研古圣先贤的语言来探究其内心，即便对古圣先贤观点的理解像茧丝牛毛一样逼真了，他仍然担心自己的想法不够准确；“引经者”借用古圣先贤的语言来阐发自己的观点，即使其思想或观点如海阔天空一般不加限制，仍然担心自己的思想会受到拘泥或约束。

作者最后根据自己对两种治学思路的分析得出结论，“故能穷经则理精，能引经则理畅”，二者各有侧重，互为表里。但吕坤本人还是更倾向于“引经”之法，认为“君子观于引经而后知一贯之道也已”[①]，其观点与宋代理学家陆九渊的观点颇为类似，即“兴于诗，人之为学，

① 〔明〕吕坤：《去伪斋集》卷三《经书断取序》，北京：中华书局2008年版。

贵于有所兴起”[①]“六经注我，我注六经”[②]“学苟知本，六经皆我注脚”[③]，强调要灵活运用前人的学术观点或研究成果，在继承中有所创新，在治学中传播思想，既表现出不拘泥于传统经典的哲理思辨，又闪烁着深思熟虑之后的智慧之光。

吕坤不仅用儒家思想来约束自己的言行，而且用其来教育自己的子孙后代。他教育子孙持身要正，尤重“三才”。

所谓“三才”，语出《易经》，指天、地、人。《易传·系辞下传》有云：“《易》之为书也，广大悉备。有天道焉，有人道焉，有地道焉。兼三才而两之，故六。六者非它也，三才之道也。”[④]《易经·说卦传》亦云：“昔者圣人之作《易》也，将以顺性命之理，是以立天之道曰阴与阳，立地之道曰柔与刚，立人之道曰仁与义，兼三才而两之，故易六画而成卦。”[⑤]“三才”思想重在强调人与人之间、人与自然之间、人与社会之间的和谐共生关系，集中体现了中华民族敬畏天地、敬畏自然、自强不息、厚德载物的思想精髓。

吕坤在《九儿入学面语戒之》中首先列举了生活中不能出现的“三个性儿”，即“太监性儿”“闺女性儿”“秀才性儿”，并略而不论前两种情况，特别强调为何要严禁“秀才性儿”的深层原因。他认为“惟是秀才修格致诚正之身，任天下国家之重，上天下地，填一我为三才；往古来今，贯千圣为一脉。处则使四海望其大行，出则使万物各得分

---

① 〔宋〕陆九渊：《陆九渊集》卷三四《语录上》，北京：中华书局1980年版。

② 〔宋〕陆九渊：《陆九渊集》卷三四《语录上》，北京：中华书局1980年版。

③ 〔宋〕陆九渊：《陆九渊集》卷三四《语录上》，北京：中华书局1980年版。

④ 〔清〕傅以渐、曹本荣：《易经通注》卷三《系辞下传》第十章，《丛书集成初编》本。

⑤ 〔清〕傅以渐、曹本荣：《易经通注》卷四《说卦传》第二章，《丛书集成初编》本。

愿”[1]，勉励子孙要志向远大，争取将来能做一番顶天立地的事业。

接着，吕坤指出“傲为凶德，狂是小人”，并化用《孟子·万章上》中“象日以杀舜为事，立为天子则放之”的典故，指出有些人之所以分不清何为傲、何为狂、何为清高、何为张狂等善恶标准，是因为他们迷失了自己的本心，所以才会出现“象至不仁，总说个傲象；丹朱不肖，一身罪过，总说个丹朱傲”的种种乱象。

在吕坤看来，那些“一领蓝衫上身，便自眼大心雄，胸高气粗”的读书人是非常可怜的，他们眼里只看到自己的前程，把傲慢轻狂当作清高旷达而互相推崇，这种言行离那些迷失本心的人又有多远呢?

吕坤告诫子孙要以古代圣贤为榜样，立身持正，恭敬有礼，“你看千圣万贤立身，只说个敬而无失，恭而有礼”，而儒家的至圣先师孔子和有“亚圣”之称的孟子，在吕坤眼里是“两个好秀才，孔子恂恂如也，似不能言。孟子横逆三加，只恁仁礼”[2]。他鼓励后世子孙当志存高远，师法孔孟，把儒家的“仁”和“礼”作为待人接物的标准，牢记“孝悌忠信，礼义廉耻”八种品格，力戒“怠惰荒宁，放辟邪侈”[3]八种行为，“性儿只学孔孟，便是我们秀才家样子”，否则即便是在科举考试中能连中三元，做到官至一品，在品德高尚的正人君子眼里也不值一文。

---

① 〔明〕吕坤：《去伪斋集》卷七《九儿入学面语戒之》，北京：中华书局2008年版。

② 〔明〕吕坤：《去伪斋集》卷七《九儿入学面语戒之》，北京：中华书局2008年版。

③ 〔明〕吕坤：《去伪斋集》卷七《九儿入学面语戒之》，北京：中华书局2008年版。

四、《呻吟语》中有真意

吕坤始撰于嘉靖年间、成书于万历年间的《呻吟语》一书，是其众多著作中用力最久、流布最广、影响最大的一部，旨在阐发其关于治国理政、修身洁己、重民务实的儒家思想观念，言简意赅，洞彻精微，展现出吕坤三十年间深入思考国家、社会和人生哲理的心理轨迹。

此书共六卷，内篇、外篇各三卷，按照《周礼》中提出的“六艺”顺序编排，又细分为十七种类型，体现出晚明变革时期吕坤学术思想的基本构架。江西省图书馆现藏有明万历二十一年(1593)吕氏家塾初刻本，齐鲁书社影印出版《四库全书存目丛书》时，将其收入“子部·儒家类”。

据吕知畏《呻吟语摘跋》记载，吕坤晚年还曾“手自删削，稿凡三易，并其续入者，仅余十之二三”，命名曰《呻吟语摘》。现据明万历初刻本将《呻吟语》一书的主要内容及分类列表如下：

明万历二十一年刻本《呻吟语》卷次及分类情况

篇目	内篇			外篇		
卷次（集数）	卷一（礼集）	卷二（乐集）	卷三（射集）	卷四（御集）	卷五（书集）	卷六（数集）
所分类目	性命	修身	应务	天地	治道	人情
	存心	问学	养生	世运		物理
	伦理			圣贤		广喻
	谈道			品藻		词章

《呻吟语》卷首载有吕坤自撰《呻吟语序》，略述其撰写和刊刻此书的缘由。录之如下：

呻吟，病声也。《呻吟语》，病时疾痛语也。病中疾痛，惟病者知，难与他人道；亦唯病时觉，既愈，旋复忘也。

予小子生而昏弱善病，病时呻吟，辄志所苦以自恨曰：“慎疾，无复病。”已而弗慎，又复病，辄又志之。盖世病备经，不可胜志；一病数经，竟不能惩。语曰“三折肱成良医”，予乃九折臂矣！疢痼年年，呻吟犹昨。嗟嗟！多病无完身，久病无完气，予奄奄视息，而人也哉？

三十年来，所志《呻吟语》凡若干卷，携以自药。司农大夫刘景泽摄心缮性，平生无所呻吟，予甚爱之。顷共事雁门，各谈所苦，予出《呻吟语》视景泽，景泽曰：“吾亦有所呻吟，而未之志也。吾人之病大都相同，子既志之矣，盍以公人？盖三益焉：医病者见子呻吟，起将死病；同病者见子呻吟，医各有病；未病者见子呻吟，谨未然病。是子以一身示惩于天下，而所寿者众也。即子不愈，能以愈人，不既多乎？”予矍然曰：“病语狂，又以其狂者惑人闻听，可乎？”因择其狂而未甚者存之。呜呼！使予视息苟存，当求三年艾，健此余生，何敢以疢痼自弃？景泽，景泽，其尚医予也夫！

万历癸巳三月抱独居士宁陵吕坤书。

嘉靖四十一年（1562），吕坤初次参加礼部会试未中，遂返回家乡宁陵继续攻读诗文，以待来年再试。第二年，吕坤在家读书时开始随手记录下自己病中的思考，陆陆续续达三十多年，直到万历年间与司农大夫刘景泽在山西雁门共事时的一次闲聊中，才将那些所谓“狂而未甚”的记录挑选出来并加以汇辑，这部探讨人生哲理的箴言体著作才得以刊行于世。序文以与司农大夫刘景泽的谈话为契机，以其多年来疾病发作时记录的自警之语为喻，生动地展示出世人久病成良医、好了伤疤忘了疼、医者往往不自医的普遍现象，意在通过自己的亲身经历和切身体会告诫世人，无论做人做事还是做官做学问，都应当心存敬畏、言行得当、合乎法度人情，从而实现“医病者起将死病”“同病者医各有病”“未病者谨未然病”的三大目标。

《呻吟语》卷二《问学》篇，集中体现出吕坤关于治学的主张和观点，即以儒家经典和六经孔孟之说为基础，用深入浅出的语言进行譬喻阐发。

首先，学问之道有“三贵”，即求真、求正、求精。

一贵求真。吕坤认为，“能辨真假，是一种大学问。世之所抵死奔走者，皆假也。万古惟有真之一字磨灭不了，盖藏不了”[①]，“读书人最怕诵底是古人语，做底是自家人”[②]。学习犹如分段挖河道，如果有一段土层没有挖开，那一段的河水就不能流淌过去，必须将其彻底挖开冲开，不留一点障碍；又如用树枝烧炭，如果有一分没有被烧透，那么树枝就会不停地冒烟，必须将其彻底烧透才行。同样的道理，如果一个人的学识有一些欠缺，那么其治学的思路就会产生一些障碍，必须彻底冲破限制其思维的桎梏，才能跨越过去，中间弄不得半点的虚假。

二贵求正。在治学求真的同时，吕坤还强调求正忌杂。他认为：“学问之道，便是正，也怕杂。不一则不真，不真则不精。入万景之山，处处堪游，我原要到一处，只休乱了脚；入万花之谷，朵朵堪观，我原要折一枝，只休花了眼。”[③]意思是说学问之道的精髓在于纯正，最怕思路庞杂，乱而无序。治学态度如果不专一就会不纯正，如果不纯正就会不精深。这就好比人们出去游览，万景之山中处处都值得看看，想要处处兼顾根本不可能做到，所以我原本只需要选准一处细细游览即可，这样才不会乱了前进的脚步；万花之谷中朵朵花儿争奇斗艳，也都值得细细观赏，我只需要折下最喜欢的一朵花即可，这样才不会被乱花迷了眼睛。

三贵求精。在谈论治学如何做到求精时，吕坤曾经以采莲房和吃莲

---

① 〔明〕吕坤：《呻吟语》卷二《问学》，北京：中华书局2008年版。

② 〔明〕吕坤：《呻吟语》卷二《问学》，北京：中华书局2008年版。

③ 〔明〕吕坤：《呻吟语》卷二《问学》，北京：中华书局2008年版。

子作比，强调做学问要达到“精义入神”的境界。有一年夏天，吕坤跟几个朋友在水池边饮酒论学。其中一个朋友讲述了这样一件事情：有个山里人不认识莲花，在药铺里买了些干莲子，吃了之后觉得味道很鲜美；后来他到集市上又买到一些采摘了很久的新鲜莲子，吃了之后更是赞不绝口。吕坤听了之后大发感慨，说：“如果这个人能吃到从池塘里刚刚采摘出来的莲子，不知道又会觉得莲子的味道有多鲜美呢！莲子只要从池塘中采摘出来，其新鲜的味道自然而然地就会失去不少。如果其人卧于采莲舟中，用手挽着莲蓬之柄当下从莲房中剥出莲子食用，那么莲子的鲜美又能达到什么程度呢？其实，现在的人们对于做学问的态度就像那个吃干莲子的人一样啊！”接着，吕坤又举了一个类似的例子，譬如树上长着的胡桃，如果连外皮一起吞下去，也不是说不能吃，但有些人不知道，吃这种果实首先须去掉外面厚厚的果皮，不然吃到嘴里会感觉发麻；接着还要剥掉那一层硬硬的骨皮，不然可能会损坏牙齿；还要去掉果瓤上的那层粗皮，不然就会觉得舌头发涩；还要去掉薄皮内的那层膜皮，不然吃起来口感不够细腻。像这样一层一层全部剥完之后，再用蜂蜜把果肉进行腌渍，最后再用糖煎一下，才算是真正的最佳美味。现在人们的治学态度大多像囫囵吞枣一样，远远没有做到层层深入地理解和认识。只有下到像一层一层剥胡桃那样的功夫，或者卧在船上摘取莲子吃的功夫，或者百尺竿头更进一步的功夫，才能称得上“精义入神”或者“义精仁熟”，才能真正体会到或领略到做学问的真谛，成为真正的儒者。

其次，治学要下“三近”功夫，努力做到学以致用。吕坤说：“‘强恕’是最拙底学问，‘三近’人皆可行，下此无工夫矣。”[1]意思是说，勉力推行宽仁之道是最笨拙的学问，而儒家推崇的“三近”之标准，则

① 〔明〕吕坤：《呻吟语》卷二《问学》，北京：中华书局2008年版。

是每一个普通人都能够去做也可以做到的事情，除此之外没有比这更可行的工夫了。

“三近”一词，出自《中庸》：

> 知、仁、勇三者，天下之达德也，所以行之者一也。或生而知之，或学而知之，或困而知之，及其知之一也。或安而行之，或利而行之，或勉强而行之，及其成功，一也。子曰：“好学近乎知，力行近乎仁，知耻近乎勇。知斯三者，则知所以修身；知所以修身，则知所以治人；知所以治人，则知所以治天下国家矣。”

孔子的这段话是儒家对知、仁、勇三种品行的阐发，其中智慧是明辨是非的前提，仁义是有无执行力的关键，勇于为国为民挺身而出者方为大丈夫。这三大标准虽然是道德的至高境界，却与每个人的生活态度和人生境界息息相关，也是一个国家、一个民族能否繁荣昌盛的重要因素。至于吕坤所说的“强恕”行为，则属于先秦儒家思想中的核心要义“仁”的范畴。

《论语》中多次记载孔子关于“道”的看法。如《论语·里仁下》中称“吾道一以贯之”；《论语·卫灵公下》中当子贡问孔子“有一言而可以终身行之者乎”，孔子的回答是“其恕乎”，所以曾子认为“夫子之道，忠恕而已矣”；《论语·公冶上》中子贡“我不欲人之加诸我也，吾亦欲无加诸人”的说法，正是对孔子“己所不欲，勿施于人”（《论语·颜渊上》）的借鉴和吸收。此外，《孟子·尽心上》中也有相关的记载：“反身而诚，乐莫大焉；强恕而行，求仁莫近焉。”北宋著名经学家孙奭为《孟子》一书所作之疏，将其阐释为“言勉强以忠恕之道而行之，以求仁之术最近”。

先秦儒家思想和宋儒对吕坤的治学思想也产生了较为深刻的影响。他主张用古代圣贤的标准来规范自己的言行，称“世间无一件可骄人之事，才艺不足骄人，德行是我性分事，不到尧、舜、周、孔便是欠缺，欠缺便自可耻，如何骄得人”[①]，同时强调要把书本知识和社会实践结合起来，不能口称圣贤之道而做事我行我素，否则就算“闭户十年，破卷五车”，依然一事无成。

再次，做学问一定要脚踏实地，最忌讳不懂装懂。吕坤认为，做学问不能浮于表面，因为肤浅的学问和表面的功夫都是好看而不中用的，“不由心上做出，此是喷叶学问；不在独中慎起，此是洗面功夫”[②]，所以要脚踏实地，打牢根基，稳中求进。与此同时，还要以实事求是的态度做学问，“知之为知之，不知为不知”（《论语·为政》），“君子知其可知，不知其不可知”[③]，应该掌握的知识就一定要弄懂弄透，确实弄不懂的切不可不懂装懂，牵强附会，毕竟掌握知识和明白道理都不是一蹴而就的，而是需要有一个循序渐进的过程，所以“不知其可知则愚，知其不可知则凿”[④]，坦然地承认懂或不懂，脚踏实地地去积累知识，提高自己，才是正确客观的学习态度。

最后，做学问要循序渐进，扬长避短。吕坤指出，每个人都有自己的优点和缺点、长处和短处，这就好比一个人，十个手指头伸出来还会长短不齐，做学问的道理与其是一样的。那么，究竟怎样才能做好学问、出大成绩呢？吕坤给出了非常明确的答案，那就是既要循序渐进，又要扬长避短。一方面，要做到善于学习，循序渐进。我们知道，坚硬的冰块遇到烈火很容易融化，但如果是采用热炭来融化坚冰，则必须舒缓地进行。等到坚冰完全融化为寒冷的水之后，又需要经过一个慢慢加热的过程，使冷水逐渐变成温水，温水逐渐变成沸腾的热水，再慢慢地经过

---

① 〔明〕吕坤：《呻吟语》卷二《问学》，北京：中华书局2008年版。

② 〔明〕吕坤：《呻吟语》卷二《问学》，北京：中华书局2008年版。

③ 〔明〕吕坤：《呻吟语》卷二《问学》，北京：中华书局2008年版。

④ 〔明〕吕坤：《呻吟语》卷二《问学》，北京：中华书局2008年版。

蒸发而熬干。因此，“善学者如闹市求前，摩肩重足，得一步便紧一步”[①]，要持续不断地进步，同时还要明白做学问绝对不会速成的道理，要保持永不急躁的心理，遇到事情从容不迫，等待着积少成多、水到渠成的结果。另一方面，要扬长避短，“学问之道无他，只是培养那自家好处，救正那自家不好处便了”[②]。通俗地说，做学问的关键就在于日积月累，循序渐进，正确把握自己的优长和缺陷，尽量做到扬长避短，这样才能取得最佳的功效。

五、学务笃实出新意

吕坤一生立足儒学传统，发明《四书》《六经》，主张积极用世，用儒家治国修身的理想境界来指导自己的学习和实践。

一方面，他认为“圣贤千言万语，经史千帙万卷，都是教人学好，禁人为非。若以先哲为依归，前言为律令，即一二语受用不尽”[③]，主张从传统的儒家经典寻求治学的方法和道理，倡言“讲学人不必另寻题目，只将《四书》《六经》发明，得圣贤之道，精尽有心得，此心默契千古，便是真正学问”[④]。

另一方面，他又努力追求自得之思，声称“师无往而不在也”[⑤]，认为世间万物皆可为师，如观察飞禽走兽、花木虫鱼、五行山川、日用杂物等事物，都可以从中悟出深刻的道理。他强调治学既要下深功夫苦功夫，又要不拘一格求新见，特别是对那些“文以载道”或“作文害道”

① 〔明〕吕坤：《呻吟语》卷二《问学》，北京：中华书局2008年版。

② 〔明〕吕坤：《呻吟语》卷二《问学》，北京：中华书局2008年版。

③ 〔明〕吕坤：《呻吟语》卷二《问学》，北京：中华书局2008年版。

④ 〔明〕吕坤：《呻吟语》卷二《问学》，北京：中华书局2008年版。

⑤ 〔明〕吕坤：《呻吟语》卷二《问学》，北京：中华书局2008年版。

的言论要有准确的判断和鉴别，从而获得有益自身的体悟。如果能够做到创新自悟，那么就会实现“能自得师，则盈天地间皆师也”[①]的目标，反之，则无所突破，“尧、舜自尧、舜，朱、均自朱、均耳”[②]。

除此之外，吕坤在其自撰《墓志铭》中也表达出相似的观点：“久之，读《六经》，又有会。厌诸儒，谓其聚讼而裂道也，深文而晦道也，拘泥而隘道也，葛藤而扰道也。”这段文字既是吕坤对自己早年读书经历的梳理回顾，又是他对自己转变治学思路有所创获后的思考总结，更是其对宋明理学思想中“文”与“道”关系的践行提升。

吕坤治学严谨，思想深邃，早年提倡“不因科举而后读书，不必作文而后为学”[③]，晚年在宁陵“居家之日，与后进讲习。所著述，多出新意”[④]，认为“学问大要，须把天道、人情、物理、世故识得透彻，却以胸中独得中正底道理消息之”[⑤]，较为直白地流露出其经世致用的政治理想和发明儒学的学术思想。

万历四十四年（1616），八十一岁的吕坤将其《去伪斋集》编成并刊行于世。此书计十卷，共收录表笺、奏疏、书启、序跋赠序、杂著、策问、碑记、诗、词、古风乐府、偶句、散句、行状、傳、诔、墓表、墓志铭、祭文等各类文体十八种、四百多篇，反映出吕坤的政治抱负和学术理想，是研究吕坤生平事迹的重要史料。据《吕子遗书重编例七则》前的按语记载，吕坤“不以文重，亦不欲以文名。称心而言，缘手而散，无所谓也。家嗣文学君知畏取次搜辑，厘为十卷。属执友同里王裕武给事印序

---

① 〔明〕吕坤：《呻吟语》卷二《问学》，北京：中华书局2008年版。

② 〔明〕吕坤：《呻吟语》卷二《问学》，北京：中华书局2008年版。

③ 〔明〕吕坤：《社学要略》，收入光绪《归德府志》卷十二“宁城书院”条下。转引自马涛：《吕坤评传》，南京：南京大学出版社2011年版。

④ 〔清〕张廷玉等：《明史》卷二二六《吕坤传》，北京：中华书局1974年版。

⑤ 〔明〕吕坤：《呻吟语》卷二《问学》，北京：中华书局2008年版。

而刻之，时为万历丙辰，先生年八十有一矣”[①]，然而明刻本义例不统一，字句多舛误，后来因遇兵燹致使刻板残毁；到了康熙十三年，吕坤之孙吕慎多根据原书影翻，重新刊刻于家塾，此后印行非常稀少。王印为其书所撰序说：“《去伪斋集》者，吾邑司寇吕新吾先生文集也。先生学务实践，耻自欺欺人，故以‘去伪’名斋。生平撰造甚富，稿多散逸。冢嗣文学君仅搜得若干卷，欲刻于家塾，以垂永久，乃属余言弁简端。余黯谫寡昧，恶能知先生文？第幸生同里，仕同朝，据所习闻习见，则先生为人似犹能仿佛知其一二云。”[②]

在同邑王印眼中，吕坤“居恒不欲以讲学标名哗众，而非法不道，无动不臧，守身如处女，实真道学”[③]。

在其子吕知畏眼中，“家君为文，非谈性命真诠，则论身心实理，明千古不易之绝学，策万世可通之政治。盖以心得之学，独到之诣，发精切之语，透悟之言。具此一种学问，方有此一段特识；抱此一副肾肠，方疏此一篇议论。以心传，以理传，岂在言语文字间哉”[④]。

在其孙吕慎多眼中，“先司寇《文集》，一生精神学问所寄也。读书得之心悟，不事言诠；作文抒自性灵，深鄙剿袭”[⑤]。

---

① 《吕子遗书重编例七则》卷前，收入《吕坤全集》下册“附录一”，北京：中华书局2008年版。

② 〔明〕王印：《去伪斋集序》，收入《吕坤全集》下册“附录二”，北京：中华书局2008年版。

③ 〔明〕王印：《去伪斋集序》，收入《吕坤全集》下册“附录二”，北京：中华书局2008年版。

④ 〔明〕吕知畏：《去伪斋集跋》，收入《吕坤全集》下册“附录二”，北京：中华书局2008年版。

⑤ 〔清〕吕慎多：《去伪斋文集跋》，收入《吕坤全集》下册“附录二”，北京：中华书局2008年版。

在后学朱国祯眼中，“吕先生著作甚盛，检身有《呻吟集》，闲家有《闺范》，莅官有《明职》《实政》诸书。既居林下凡二十年，时不能用，则有《去伪集》若干卷，盖抉世俗病根，直指出示人，一生得力处全在于此。所谓质鬼神而无疑，俟百世圣人而不惑矣”，“先生以性命为堂奥，德义为藩篱，诵读为饮食，神气清宴，心宇高明”，并因感慨于“世之炫耀夸张，尽丧本实，相习为伪以自误”，所以“其言平实简约，树骨于训典之区，取材于旷衍之路，而归根于平淡精实。登堂入室，凑泊古儒先之辙”，“有济天下之心与具”，“削其乱真者以复于天然自有之本色，此圣贤用心，中流一砥柱也”①。此外，尹会一《吕语精粹序》认为其书“推堪人情物理，研辨内外公私，痛切之至，令人当下猛省，奚啻砭骨之神针，苦口之良剂”②，是中国传统文化经典中的精彩之作。湖广监察御史赵文炳《吕公实政录序》中对吕坤评价很高，称赞道：“惟我吕先生，天中大贤，得伊洛真传，所著《呻吟语》，发明六经、孔孟之学，天德王道，渊源于中，居恒慨然以天下为己任，一念民胞物与，真可盟幽独而格鬼神者。”③众多亲朋好友、同乡后进都对其推崇备至，可见吕坤治政思想和学术思想的影响之深、范围之广、意义之大。

① 〔明〕朱国祯：《去伪斋集序》，收入《吕坤全集》下册“附录二”，北京：中华书局2008年版。

② 转引自吕坤撰，张民服等注译：《呻吟语·前言》，郑州：中州古籍出版社，2006年版。

③ 〔明〕吕坤：《吕坤全集》下册“附录二”，北京：中华书局2008年版。

“任何一个社会的学术文化都是一定的政治经济在观念形态上的反映，同时又反转过来作用并影响于一定社会的政治和经济，因此不同的时代总是要出现为这一时代服务的学术文化思想体系、学术流派以及相应的各种学术著作”[①]。明代中后期的社会现实和社会思潮对明代的学术思想产生了深远的影响，也为吕坤的创作提供了适宜的土壤和丰富的营养。

吕坤学识渊博，善于思考，著述宏富。其著作内容涵盖经史子集四部，早年在参与编纂第一部《襄垣县志》时崭露头角，后来又陆陆续续撰写了很多著作，产生了不同程度的影响。现存著作有《去伪斋集》《呻吟语》《实政录》《四书四种合刻》《四礼疑》《四礼翼》《黄帝阴符经注》《闺范》《无如》《交泰韵》《疹科》等。他“著书不为稻粱谋”，凡事尽人事而听天命，其撰著既有鲜明的时代特色，又有独特的个人风格，在维护统治秩序、宣扬正统观念、启发人心教化、倡导经世思想等方面发挥着一定程度的作用。下面试以《闺范》《实政录》为例加以说明。

---

① 转引自仓修良：《方志学通论·前言》，济南：齐鲁书社1990年版。

一、刊刻《闺范》惹风波

《闺范》一书的编撰刊刻，与明代尊崇理学的社会风尚息息相关。明太祖朱元璋即位之初，反复强调“修身治国，儒道为切”，首立的太学“一宗朱氏之学”，要求当世学者“非五经、孔孟之书不读，非濂、洛、关、闽之学不讲”[①]，极力推崇“儒者可尚，以能维持三纲五常之道”[②]，用以施行严密的思想统治。明成祖朱棣更是亲自下诏敕修和刊布了理学巨作《五经四书大全》，并命令翰林院学士胡广等人按类编纂“周、程、张、朱诸君子性理之言”[③]，号召诸儒对《五经》《四书》等圣贤精义进行传注、议论和发明，使朱子之学的统治地位得以确立。

万历十八年（1590），吕坤在担任山西按察使期间，仔细阅读汉代刘向所著《列女传》之后，选取其中可资参照的内容编撰成《闺范》，旨在宣扬儒家关于妇教的思想行为准则。

吕坤《去伪斋集》卷二《辨明心迹疏》较为详细地记载了吕坤因编撰刊刻《闺范》而引发的争议曲折，也指出万历皇帝对吕坤三次上疏辩诬以明心志的做法给予肯定。从万历皇帝下发的三次圣谕来看，吕坤《闺范》之所以遭受到不白之冤，是因为他无意中被卷入当时政治斗争的旋涡之中，并差点惹上杀身之祸。现将其中直接相关的内容分别节录，并逐次加以分析。

吕坤在第一篇辩解疏文中说明，他于万历十八年担任山西按察使时所编撰刊刻的“《闺范》四册，明女教也。后来翻刻渐多，流布渐广，

---

① 〔清〕陈鼎：《东林列传》卷二《高攀龙传》，南京：江苏广陵古籍刊印社影印本。

② 〔明〕宋濂等：《元史》卷一八九《儒学传序》，北京：中华书局1976年版。

③ 《明太宗实录》卷一五八“永乐十二年十一月甲寅”条。

臣安敢逆知其传之所必至哉？”[①] 作者最初撰写这本书的目的是想让家里的女眷学习并用以指导日常的言行，想不到后来影响越来越大，被世人多次翻刻，所以其流布也越来越广，远远超出作者的想象，怎么可能预先知道其流传的范围呢？吕坤认为，自己“实有此书，承恩实有此刻”[②]，所以戴士衡等人坚称郑承恩刊刻《闺范图说》的底本是由吕坤所进呈，意在逢迎郑贵妃，其疑虑也算是其来有自，并不值得大惊小怪，但是他们怀疑吕坤的动机和心思却深不可测，难以捉摸。

吕坤辩称自己作《闺范》的编纂动机单纯，行为光明磊落，本属无可厚非，即“昔刘向作《列女传》，献之汉廷，成帝叹赏。臣之为《闺范》也，前述经传，皆贤圣法言；后列贞淑，皆古今善行。体依刘向，意本《关雎》”，并用事实说明自己没有阿谀奉上的动机，指出“臣若有所希冀，当自明白进呈，何所回护？何所忌嫌？舍彼光明正大光明之途，而犯此疑猜危险之迹乎？”[③] 如果真的动机不纯，只需要光明正大地向皇上进呈自己的著作即可，哪里用得着采取那些让人猜疑甚至可能带来危险的方法或手段呢？这样看来，《闺范》一书“果进不由臣，承恩虽刻臣书，臣何与焉？”更何况吕坤撰写《闺范》时，所征引的汉代人物事迹都来源于《汉书》，所采用的唐人资料全部来自于《唐史》，“一人无所牵合，一事无所附会。在朝诸臣，在市诸书，皆可检对，有何成心？”更有甚者，吕坤刊刻的《闺范》是在六年之前，郑承恩刊刻的《闺范图说》是在六年之后，他怎么可能预先知道以后将要发生的事情呢？他认为，自己所做的一切，“事可公诸天下，心可质诸鬼神。士衡虽疑臣心，臣何恤焉？”[④]

---

① 〔明〕吕坤：《去伪斋集》卷二《辨明心迹疏》，北京：中华书局2008年版。

② 〔明〕吕坤：《去伪斋集》卷二《辨明心迹疏》，北京：中华书局2008年版。

③ 〔明〕吕坤：《去伪斋集》卷二《辨明心迹疏》，北京：中华书局2008年版。

④ 〔明〕吕坤：《去伪斋集》卷二《辨明心迹疏》，北京：中华书局2008年版。

吕坤在这段文字中，首先解释了自己编刻《闺范》的时间和动机，讲述了此书刊行于世之后广为流传和被多次翻刻的客观情况，分析了吏科给事中戴士衡对此书提出质疑的客观原因；接着，作者从《闺范》的编纂体例、编纂宗旨、文献来源、刊刻时间、传播形式、人证物证等方面，详细分析了《闺范》由吕坤进呈、郑承恩复刻一事不可能发生的主客观原因，从而说明戴士衡等人称吕坤“假托《闺范图说》，包藏祸心”的说法纯属无稽之谈；最后，圣旨云“这事情不必渎辩，该部院知道”的态度，既是对卷首“为迹涉隐微，事当究竟，恳乞圣明鉴照”一说的回应，也凸显了吕坤想借此疏“以白臣心，以息物议事”的目的。[①]

吕坤在第二篇辩解疏文中再次强调：《闺范》之所以首先收录汉明帝的皇后马明德，在同类书籍中是一种较为普遍的现象，因为“明德马后，汉明帝之元配也”，“马明德册自贵人，《汉书》所载也。自有《汉书》以来，凡《女训》诸书，莫不录其为人，莫不具其发迹”[②]。而吕坤最初编纂刊刻《闺范》是在距离京城二千多里的山西任上，根本没想到此书能够流传入大内宫廷，所以也没有任何意图迎合郑贵妃的辞章言行等证据。因此，当戴士衡诬陷吕坤为了奉承郑贵妃而“引千余年不同之汉例”时，吕坤直接加以反击，表明自己不至于愚蠢到这种地步。戴士衡声称吕坤为郑承恩重刻本作序，并从序文中摘录出不少内容，一条一条地与时事加以比照，给远离京城二千里外的吕坤强加了很多罪名，听起来言之凿凿，冠冕堂皇，实则无凭无据，血口喷人。最后，吕坤情绪激动地向皇帝发誓，称“倘有一人证臣，一事有据，臣愿甘斧钺之诛，

① 〔明〕吕坤：《去伪斋集》卷二《辨明心迹疏》，北京：中华书局2008年版。

② 〔明〕吕坤：《去伪斋集》卷二《辩〈忧危竑议〉疏》，北京：中华书局2008年版。

以为乱贼之戒缘系云云”[①]，表现出持身守正者无辜被诬，明辨是非后的愤激之情。

按：此疏先述当年三月间上疏事，又云七月间戴士衡再次参奏吕坤之缘由，于是吕坤“为语出无端，事干重大，恳乞圣明，严审确实，以消隐祸事”[②]，再次上疏为自己辩冤。皇帝看到此疏后，下旨告诉吕坤“这奏辩事情，朕前已洞悉奸诬，有旨处分了，该部知道”[③]，算是对吕坤自辩清白的认可和对其因政治原因遭受朝臣诬陷的安抚。

疏文最后的附录部分，再次讲述了《闺范》一书编撰刊刻、广泛传播以及被人伪妄增刻的大致经过，以及万历皇帝对这一事件的态度，堪称对整个事件的全面总结。文曰：

> 万历庚寅，余为山西观察使，观《列女传》，去其可惩，择其可法者，作《闺范》一书，为类三十一，得人百十七，令女中仪读之，日二事，不得其解，辄掩卷卧。一日命画工图其像，意态情形，宛然逼真。女见像而问其事，因事而解其辞。日读数十事不倦也。且一一能道，又为人解说，不数月而成诵。余乃刻之署中，其传渐广，既而有嘉兴板、苏州板、南京板、徽州板，缙绅相赠寄，书商辄四鬻，而此书遂为闺门至宝矣。初不意书之见重于世至此也。既而内臣购诸市以进，上览而悦之，赐皇贵妃，贵妃刻诸家。夤缘者附以顺天节烈妇十七人，而此书遂不可传矣！何也？予传各有类，而此十七人皆节烈。余传

---

① 〔明〕吕坤：《去伪斋集》卷二《辩〈忧危竑议〉疏》，北京：中华书局2008年版。

② 〔明〕吕坤：《去伪斋集》卷二《辩〈忧危竑议〉疏》，北京：中华书局2008年版。

③ 〔明〕吕坤：《去伪斋集》卷二《辩〈忧危竑议〉疏》，北京：中华书局2008年版。

皆昔贤，而此十七人多万历时人，且多贵势家，又每系以“吕氏赞曰”四字，尤为伪妄，有识自能辨之。[①]

从这段文字来看，吕坤万历年间任山西观察使时编刻的《闺范》一书，共分为三十一类，收录了古代言行举止可为女子典范的贤良女性一百一十七人，目的在于教育自己的女儿。但因为书中说教的内容比较枯燥，吕坤的女儿中仪每天连诵读两则故事都做不到，所以吕坤让画工配上文字插图，这才有了《闺范图说》的问世。不料配图之后，此书竟然引起女儿浓厚的阅读兴趣，起到了事半功倍的效果。有鉴于此，吕坤这才将此书刊刻出来，很快就得到广泛的传播，地方乡绅相互寄赠，各地书商纷纷传刻，当时较为有名的版本就有嘉兴版、苏州版、南京版、徽州版等，所见之人都将此书视为闺门至宝。《闺范图说》的受重视程度和流传范围之广令人惊叹，甚至连内臣都买下此书呈送到皇帝手中，皇帝看后很满意，又将此书赐予皇贵妃阅读，皇贵妃于是又命其家族中人加以刊刻。古人说得好：“上有所好，下必甚焉。”那些为了实现自己攀附权贵以求进身目的之人，趁此机会将万历时期顺天府十七位烈女节妇的事迹也收录在内，这本书从此无法再往外流传了。这是为什么呢？因为吕坤所著之书收录的都是古代贤良之人的传记，可是那些趋炎附势之辈补录的十七位节妇却都是万历时人，而且大多生于权贵富豪之家，特别虚假的是，那些人还在每篇传记之后刻意加上“吕氏赞曰”四个字，无异于“此地无银三百两”，相信那些有识之士定然能明辨是非。

那么，作为一部旨在宣扬女教的小书，《闺范图说》为何会为吕坤招来如此横祸？

第一，与明初文化高压政策的延伸影响有密切关系。说起封建社会

① 〔明〕吕坤：《去伪斋集》卷二《辩〈忧危竑议〉疏》，北京：中华书局2008年版。

的文化高压政策，人们总是不禁想起清代学者龚自珍《咏史》中的一句话："避席畏闻文字狱，著书都为稻粱谋。"其实，清代的文字狱并非特例，明代的文字之狱对知识分子所造成的心灵创伤也很严重，高启、戴良、徐一夔、徐元等知名学者先后惨遭杀害，使广大知识分子畏首畏尾，噤若寒蝉，不敢在公开场合表露自己的观点。正如商传先生所说的那样："明初文禁甚严，诸臣只言片纸即可获杀身之罪，所谓文字之祸，避之不及，私家著述，寥然可寻。"[①]这种状况在宣德朝以后有所缓解，弘治以后举国上下的右文之风愈发隆盛，但总体来说仍然深受朝廷思想文化的专制统治，一旦出现可能对大明帝国的统治不利的苗头，立即就会被扼杀在摇篮里，甚至还会引起一场腥风血雨的斗争。

第二，与万历年间的"国本之争"事件有着密不可分的关系。明神宗朱翊钧十岁继承皇位后，重用内阁首辅张居正等人，励精图治，推行新政，在政治、经济、军事等领域锐意进取，取得了一系列喜人的成就。但万历十四年之后，朱翊钧开始日夜饮酒作乐，纵情声色之中，长达二十余年深居后宫，长期不临朝处理政事[②]。皇帝长期不理朝政，直接导致当时的官僚队伍派系林立，门户之争愈演愈烈。朱翊钧非常宠爱郑贵妃及其所生之子福王朱常洵，而对私下临幸王姓宫女所生的长子朱常洛很不喜欢。大臣们为维护传统的封建继承制度，担心万历皇帝将来会有废长立幼之举，于是纷纷上疏请求皇帝早日册立朱常洛为东宫太子，并册封其母为妃。因为太子是国家稳定之根本，所以这场旷日持久的皇帝与大臣之争被时人称为"国本之争"。吕坤编刻《闺范》本身并没有错误，但因遭人诬陷而被卷入当时的政局，所以其担惊受怕就是自然而

① 商传：《明代文化志》，上海：上海人民出版社1998年版，第386页。

② 〔明〕董其昌：《神庙留中奏疏》卷二《圣躬静摄多年疏》，《续修四库全书》本。

然的事情了。下面着重分析“国本之争”对其仕宦生涯的深刻影响。

万历二十三年（1595）七月，深得万历皇帝专宠的郑贵妃为巩固自己的地位，见到宦官陈矩出宫时买回的《闺范图说》一书，命人在原有基础上增刻了十多名万历年间的烈女节妇，以东汉时期的明德皇后居首，以郑贵妃本人作为终篇，并自撰序文，指使其伯父郑承恩和兄弟郑国泰重新加以刊刻。“吕刻”和“郑刻”虽然刊刻初衷迥然不同，但编选内容同中有异，很快就被人们混为一谈。

万历二十五年（1597）四月，时任刑部侍郎的吕坤向万历皇帝呈上了一篇《天下安危疏》（又名《忧危疏》），直陈天下安危和圣躬祸福，称“当今天下之势，乱象已形，而乱机未动。天下之人，乱心已办，而乱人未倡”[①]，所以“以保万年永祚，以绵万寿无疆事”，请求皇上像五帝三王那样爱惜人民，敬畏人民，慈悲为怀，大开言路，坚持休养生息，开源节流，以安定天下。吏科给事中戴士衡趁机诬陷吕坤“机深志险，包藏祸心”，说他无论是先写《闺范图说》，还是再上《忧危疏》，都是为了逢迎郑贵妃。

万历二十六年（1598）三月十二日，凭空蒙受不白之冤的吕坤上《辨明心迹疏》，请求皇上“敕下九卿科道”，将他所刊刻的《闺范》与郑承恩所刊刻的《闺范图说》相互对照，仔细检查，看看自己到底有没有包藏祸心的举动。因为戴士衡所言事涉郑贵妃，万历皇帝起初装聋作哑，留中不发。

正当万历皇帝想轻描淡写地将此事压下时，不料竟然有人以“燕山朱东吉”之名为《闺范图说》撰写了题为《忧危竑议》的跋文，在吕坤上疏的基础上以问答体形式加以发挥阐述，专论历代嫡庶废立之事，以

---

① 〔明〕吕坤：《去伪斋集》卷一《忧危疏》，收入《吕坤全集》上册，北京：中华书局2008年版。

影射纷争多年没有进展的“国本”问题。该跋文称吕坤上疏忧危天下无事不谈，却独独不涉及册立皇太子之事，其意图与人结党依附郑贵妃之意昭然若揭。《忧危竑议》以传单的形式迅速传播，立即在京城引起了轩然大波。

身处政治旋涡之中的吕坤，无奈之下又于同年秋天上了《辩〈忧危竑议〉疏》，指出郑承恩等人刊刻的《闺范图说》流传于世后，方方面面的反应各不相同，毁誉不一：怨恨吕坤的人趁机编造谣言诽谤他，不认识吕坤的人大多为此事而惊骇不已，只有为数不多的几位达观之士处之泰然，丝毫也不相信此事是吕坤所为。《闺范图说》引发的是是非非尚未平息，樊玉衡、戴士衡等人又针对吕坤所上的《忧危疏》做起了文章，声称流布京师的《忧危竑议》也是吕坤所作，其中多有“包藏祸心”之例证。后来，六十二岁的吕坤不堪忍受那些不明就里的人们的纷纷指责，只好称病乞求致仕归乡。

面对朝堂内外气势汹汹而来的质疑、指责和诬陷，退居原籍宁陵的吕坤仍不得不多次上疏辩解，自证清白，将《闺范图说》一书最初刊行和后来流布的情况详细陈说。文曰：

> 自此刻出，而仇我者，得以造其谗；不识我者，莫不骇其事；而三二达者，则坦然无疑矣。噫！使诸君子以虚平之心，观天下之事，则一言可决，有何骇异？今民间妇女，一旦筐中有三五本书，夫必骇异问之曰：“此书何处得来，何人所与？”则将何词以对。倘涉可疑，方且藏匿之不暇。况大内何等深严，圣主聪明天纵，宁有《闺范》入宫，而不一问者乎？皇贵妃又不掩匿，而敢公然刻之，又叙其所从来，曰得之吕氏坤者乎？时值余上《忧危疏》，而造言仇口遂刻《忧危竑议》一书，流布京师，而戴掌科始有“包藏祸心”之疏矣。郑承恩惧，乃以《竑议》进，奉圣旨：“这《闺范图说》是朕赐与皇贵妃所看，

朕因见其书中大略与《女鉴》一书辞旨仿佛，以备朝夕览阅。戴士衡等这厮每以私恨之仇，结党造书，妄指宫禁，干挠大典，惑世诬人，此事朕已洞知，不必深辩。”又吏部都察院接出圣谕：“晓谕官员人等知悉，樊玉衡、戴士衡假以建言，报复私仇，妄指宫禁，干挠典礼，惑世诬人，捏造书词惑人，好生可恶，本当拿问，严究重治，姑著革了职，发烟瘴地方永远充军，遇赦不宥，该部院知道。”又内阁接出圣谕：“览再揭奏，具见恭谨详慎之意。《闺范》一书乃朕赐与宫中朝夕览阅，因其书理与《女鉴》相符，使以为劝勉之规云云。且樊玉衡假以建言，要名沽誉，原本亦不必发示及戴士衡等。但此二畜，结党造言，干挠大典，妄指宫禁，惑世诬人，上干天和，中伤善类，若不重处，何以警戒将来？已有旨了，特此谕知。”时被诬诸人，皆有辩疏，各得明旨，此《闺范》之始末也。[①]

万历皇帝对于吕坤编刻《闺范》的情况非常了解，对于其一而再再而三被人无辜诬陷的不幸遭遇也非常清楚，所以就针对吕坤的三次陈情下发了三次圣谕，表明自己的观点，称赞吕坤数次上疏“具见恭谨详慎之意”。他虽然大为恼火，却也不想把事态扩大，就下旨说《闺范图说》是他自己赐予郑贵妃的，以备其朝夕览阅；并给樊玉衡和戴士衡等人扣上“结党造书，妄指宫禁，干扰大典，惑世诬人”的罪名[②]，将其分别贬谪到当时的烟瘴之地——广东雷州和廉州；至于因遭受诬陷而患病致仕的吕坤，虽不再追究其责任，但无论多少人为吕坤说情推荐，终万历一世再也不复起用；至于《忧危竑议》的真正作者是谁，目的何在，却

① 〔明〕吕坤：《去伪斋集》卷二《辩〈忧危竑议〉疏》，北京：中华书局2008年版。

② 〔明〕吕坤：《去伪斋集》卷二《辩〈忧危竑议〉疏》，北京：中华书局2008年版。

真正成了未解之谜。这就是轰动一时的万历朝第一次“妖书案”发生的前后始末。

万历三十一年（1603）十一月，远离京城政治中心六年之久的吕坤，又一次听闻“妖书案”的后续事件。一份题为《续忧危竑议》的三百多字的揭帖，一夜之间出现在内阁大学士朱赓与京师众多人家门口，并广为传播。传单假借“郑福成”之名予以问答，指责郑贵妃为了力推自己的儿子上位，鼓动皇上废去已经被立为皇太子的朱常洛，如果朱赓（“赓”“更”同音，寓意“更易”）担任内阁大臣，郑贵妃之子福王朱常洵被立为皇太子之事就能成功。这份短短三百多字却“词极诡妄”的揭帖，犹如一枚重型炸弹，直接引发了万历年间的第二次“妖书案”。因为此事涉及“国本之争”，一时间宫闱内外流言四起，朝野上下无不震动，谈及者人心惶惶，闻听者为之色变。万历皇帝屡次下旨，要求尽快严缉凶手。首辅沈一贯等人趁机打击异己，无辜官吏惨遭陷害，案情变得非常复杂。为尽快结案，顺天府生员皦生光因曾写作妖诗、招摇撞骗等不端的前科而成为替罪羊，最终遭严刑拷打之后被凌迟处死。

第二次“妖书案”以皦生光的受冤而死得以结案，虽然暂时结束了人人自危的混乱复杂局面，却使得明代的门户之争愈演愈烈，成为明代中后期政治生态的一大顽疾，也给晚年吕坤心里蒙上一层厚厚的阴影。事过多年，吕坤心中还在后怕，自言“夫天下刻《闺范》，天下无词，何独内刻，便造许多妖言？向非皇上明白声说，此事何以自明？当时若大根究，必有皦生光之祸。皇天后土，九庙神灵，当必照鉴。造诬之人戴掌科，虽非知己，必不昧心。彼造诬者，已遭阴谴酷烈矣！”①

① 〔明〕吕坤：《去伪斋集》卷二《辩〈忧危竑议〉疏》，北京：中华书局2008年版。

二、撰《实政录》欲救世

中国古代的经世思想内涵丰富，尤以培养《礼记・大学》中所提倡的“修身齐家治国平天下”的正人君子为主要目标，包含了治国理政、社会文化、礼制风俗、教育思想等内容，体现出传统儒家人文精神的基本价值取向。汇编前代或当代诏令奏疏就是典型的经世致用之举。

宋代汇编诏令奏疏之风渐渐趋于兴盛，如宋敏求汇编前代诏令而成的《唐大诏令集》130 卷、赵汝愚编辑本朝建隆至靖康年间的大臣奏疏而成的《诸臣奏议》150 卷等，都是研究宋代政治体制、军事制度、思想文化等方面的重要文献资料。

明代也编纂刊刻了一大批经世文章或著作，主要分为两大类型：

一种是前代或当代名臣奏疏的汇编，如永乐年间黄淮、杨士奇等人奉敕编辑的《历代名臣奏议》350 卷（收录时限从商周至宋元时期），嘉靖年间黄训编辑的《皇明名臣经济录》52 卷（辑录洪武至嘉靖九朝名臣奏议）、大名太守张瀚整理的《皇明疏议辑略》37 卷（辑录洪武至正德朝奏疏），隆庆年间吏科给事中贾三近编辑的《皇明两朝疏钞》20 卷（辑录嘉靖、隆庆两朝奏疏），万历年间张卤编辑的《皇明嘉隆疏钞》20 卷（辑录嘉靖、隆庆两朝奏疏）、顾尔行编辑的《皇明两朝疏钞》12 卷（辑录嘉靖、隆庆两朝奏疏）、孙甸《皇明疏钞》70 卷（辑录明初至隆庆朝奏疏）、朱吾弼《皇明留台奏议》20 卷（辑录正德至万历朝留台奏疏）、吴亮编辑的《万历疏钞》50 卷（辑录隆庆六年至万历三十六年奏疏）、吴道行《熙朝奏疏》6 卷（辑录万历元年至万历三十二年奏疏）等。

另一种是明人关于边防、海防、水利、河槽等方面的举措建议等，如嘉靖年间（1522—1566）万表编辑的《皇明经济文录》41 卷，万历年间（1573—1620）冯应京编辑的《经世实用编》10 卷、张文炎编辑的《国朝名公经济文钞》11卷，天启年间陈其愫编辑的《皇明经济文辑》23卷、陈仁锡编辑的《经世八编类纂》285卷、徐日久编辑的《五边典则》24卷，崇祯年间张燧编辑的《经世挈要》24卷等。明代中后期经世文汇编的纂辑规模越来越大，至明末陈子龙、宋征璧等人编辑《皇明经世文编》504卷时，经世致用的实学思潮已经渗透到社会生活的各个领域，怎样崇实黜虚、扶危定倾、拯救世道人心成为明代文人士大夫的首要任务。吕坤的《实政录》就是在这样的时代背景下产生的。

三晋地区在吕坤仕宦生涯中具有极其特殊的意义。继初入仕途时担任襄垣县令、大同知县之后，万历十七年（1589）至万历二十年（1592）间，吕坤再次踏上山西这片土地，先后担任山西提刑、山西按察使、山西提督、山西巡抚等职。在从基层官吏成长为掌握军政大权的地方大员过程中，吕坤在实践中不断地思考和总结，陆陆续续写出了《风宪约》《狱政》《明职》《民务》《乡甲约》《安民实务》《督抚约》等著述，并以单行本流传于世。万历二十六年（1598），时任湖广监察御史的吕坤门生赵文炳，将上述诸书汇集校刻而成，题名为《吕公实政录》。该书按类编排，版本众多，《四库全书总目》卷一三四将其列入"子部·杂家类存目"，《续修四库全书》将其列入"史部·职官类"（九卷本），《四库全书存目丛书》将其列入"子部·杂家类"（明万历二十六年赵文炳刻七卷本），现存有七卷本、九卷本、十卷本三个版本系统。其中七卷本是较早的刊本，可以考见该书的刊刻信息，而九卷本是通行本，各卷次收录的内容较为完整，是研究吕坤政治思想和晚明社会风尚的重要文献。下面试以《吕坤全集》中收录的九卷本为例，简要分析《实政录》的编纂内容、思想倾向和学术价值。

九卷本《实政录》各卷次收录的内容及主要观点是：

卷一："明职"。此文系万历壬辰年（1592）秋天吕坤任都察院右佥都御史时所作。文章开宗明义，综述"朝廷设官分职，衙门各命以名。

百司庶府各顾名而思职，缘职而尽分”的重要意义，指出如果人人都能尽职尽责，世间就不会有那么多的纷纷扰扰、是是非非了。然而现实生活中往往事与愿违，当时天下虽然“无一事不设衙门，无一衙门不设官”，但那些官吏们往往不太明白自己的职责所在，致使衙门事务中懒政、惰政现象日趋加剧，普通百姓的生活愈发困苦，所以作者撰写此文，旨在“发明职掌，申饬大小职官，终日思其所行，经岁验其成效”。

作者认为，广大官员们平日可以对照这些标准，思考自己的工作是否称职，必将有所收获，哪里还用得着我在这里喋喋不休地惹人厌烦呢？接着，作者按照明代所设官职从低到高的顺序，主要载录了“吏承出身”“仓官之职”“巡检之职”“驿递之职”“税课司之职”“司狱官之职”“库官之职”“官恩例贡出身”“贡士出身”“科甲出身”“教官之职”“弟子之职一（读书缘由）”“弟子之职二（作人道理）”“州县佐贰之职”“知州知县之职（后附“太原谕属”）”“同知通判推官之职”“知府之职”“盐运司之职”“守巡道之职”“提学道之职”“按察司之职”“布政司之职”“武职一”“武职二”“督抚之职”等25个条目[①]，对不同出身、不同等级、不同职务、不同属性的职位权责分别加以说明，强调无论官位高低、身份尊卑、职权轻重、升迁快慢、俸禄厚薄等，都要尽职尽责，常怀报效国家、报效朝廷之念，以求不辜负师长之教诲。

吕坤在谈及“吏承出身”条时说：“杂职小官，多出于吏员承差。夫吏承上纳大小行头，供役司府州县。房中案牍，止尾承行之名；堂上应答，类多奔走之事。通明律例者不多，练达政事者甚少。文书靠积年书手，招拟托惯弊主文。借公衙门以支门户，缘私贿以养身家。三考甫完，而此心久坏；一官初授，而惟利是图。岂无贤人君子秉正持廉？要

---

① 〔明〕吕坤：《实政录》卷一，北京：中华书局2008年版。

之，千百中十一耳。”[①] 短短一百多字，却多处运用对仗手法，将底层小吏的工作状态、为人心态、生活情态等描写得惟妙惟肖，同时还将吏治腐败的表现形式、滋生土壤、严重危害以及能够在这样的社会环境中秉正持廉的贤人君子所占比重很低的现实状况阐发得淋漓尽致。

书中关于“官恩例贡出身”“贡士出身”“科甲出身”三种形式的说明，实则反映了明代官吏的选拔任用制度。其中“官恩例贡出身”条以“昔者汲黯以父任，霍光以兄任，即今官恩生也。张释之以入赀，卜式以入粟，即今例贡生也”[②] 为例，说明古往今来那些有才华的贤能之士，不论门户高低、身份贵贱，只要胸怀锦绣、洁身自爱，都能凭借自己的品德才干而名垂青史；“贡士出身”条从“国家恩典，惟养士为最隆。一入庠序，便自清高。乡邻敬重，不敢欺凌；官府优崇，不肯辱贱”着笔，指出国家对于贡生非常优待，日常的生活补贴、岁考的花红纸笔、科年的酒席盘缠等都是民脂民膏、荣名荣利，甚至“旗牌路赆，半于科甲”，每个贡生“自入学以至入官，蠲除作养，费军民不啻数百金”[③]，所以希望这些人入仕之后，在享受国家养贤用人的良好待遇时，不要只考虑一己一族的利益得失，成为“一生有资于黎庶，百岁无功于朝廷，蝇营狗苟，只为身家”的贪官腐吏；而“科甲出身”条则从世俗百姓对待科甲出身之人的看重说起，指出“世俗谈荣贵，无不艳羡科甲中人，而科甲中人亦以此自艳”是一种非常普遍的现象[④]，自己也会自觉不自觉地有着那么一点沾沾自喜的心理。为什么会出现这种情况呢？作者欲抑先扬，先是从常见的社会现象入手，指出普天之下的士人君子，大都认为科甲中人无论身为郡邑之小吏还是台省之长官，只要愿意“造福于

① 〔明〕吕坤：《实政录》卷一，北京：中华书局2008年版。

② 〔明〕吕坤：《实政录》卷一，北京：中华书局2008年版。

③ 〔明〕吕坤：《实政录》卷一，北京：中华书局2008年版。

④ 〔明〕吕坤：《实政录》卷一，北京：中华书局2008年版。

万民”，愿意“建白于天下”，愿意“留心于社稷苍生”，定能事可行、志得遂、功可树，能够做成“中天下而立，定四海之民”的伟大事业，能够实现“泽可远施而道可大行”的远大目标。接着话锋一转，大发感慨，巧妙地引发出自己的观点，认为“扶世运者吾党，坏世道者亦吾党也”，并详细分析了以科甲出仕的两种不同类型官员的言行，一种是“树名节、砺行检，彬彬有人”的贤者，一种是“智巧习成”、“虚弥套熟”、朋党比附、患得患失的“谬谓贤良”之辈。最后号召“所愿同志，以人品自激昂，以世味为尘垢，各求表树，无愧科名”[①]，展现出一位品行端方、志向高远、忧国忧民的封建士大夫形象。

吕坤在论及“弟子之职”时，收录了两篇侧重点不同的文章：

第一篇侧重谈读书的缘由。首先抛出自己的问题，问在座诸生是否明白“圣贤以经史垂训，朝廷以学校养士之意”[②]。接着分析古往今来圣人君子为人处世的端正态度、崇高境界和具体做法，希望诸生“以天下国家为念，志伊尹之所志；以忧勤惕励为心，思周公之所思”，“为学便是实学”，“作人须作端人”，将来科举题名后进入仕途，要做读书人中的经纶手，通过自己的治政能力使得“社稷赖以奠安，苍生赖以得所”，取得“流芳于竹帛，增重于冠裳”的丰功伟绩。[③]

第二篇侧重谈做人的道理。首先讲述生员衣冠的特殊规制和深刻寓意，称“襴衫之制，中用玉色，比德于玉也。外有青边，玄素自闲也。四面攒阑，欲其规言矩行，范围于道义之中而不敢过也。束以青丝，欲其制节谨度，收敛于礼法之内而不敢纵也。绦穗下垂，绦者条也，心中事事有条理也。圆领官服，以官望士，贵之也”。而头巾制度虽然未定，

① 〔明〕吕坤：《实政录》卷一，北京：中华书局2008年版。

② 〔明〕吕坤：《实政录》卷一，北京：中华书局2008年版。

③ 〔明〕吕坤：《实政录》卷一，北京：中华书局2008年版。

但如果把当今常见的儒巾倒过来看，“隐然是一‘民’字，其两飘带，则头角未至峥嵘，羽翼未至展布，欲其柔顺下垂，不敢凌傲之意云”。从中正可看出开国圣祖待士之隆重、望士之殷切。接着以自己耳闻目睹的真实情景为例，讲述年少乡居时那些本来正在“同席聚饮，恣其笑谈”的闾阎父老或阛阓小民，忽然看到一位秀才走过来，立即“敛容息口，惟秀才之容止是观”[①]，说明普通百姓对以秀才为代表的读书知礼之人非常看重。同时引用孟子和董仲舒的话语，强调孝悌忠信和礼义廉耻这八种行为是众多行为中最重要的几个方面，认为“无论士有百行，此八行者关系名检不细”[②]。特别需要注意三件事情，即“首戒士风三事”，其次明白“公论出于学校”，最后是不要结党营私干扰法纪，力争去做“士肯好修，同学见其人而爱慕，居乡薰其德而善良。官于内则为朝著仪刑，官于外则为缙绅师表”[③]的秀士。

吕坤多次强调做人做官要讲究本分，尽职尽责。他认为，“官虽有正副而权不轻，位虽有尊卑而事不异”[④]，朝廷设立官职甚多，但上自公卿，下至驿递，中外职衔不啻百数，惟有郡守、县令才被百姓尊称为父母官。而要想当好父母官，一定要弄清自己的职责所在，并担当起养育百姓、教化百姓的责任，所谓“宇宙之内，一民一物痛痒，皆与吾身相干，故其相养相安料理，皆是吾人本分”[⑤]，了解民生疾苦，判断风俗美恶，“洞其弊原，酌其治法，日积月累，责效观成”[⑥]，以求无愧

---

① 〔明〕吕坤：《实政录》卷一，北京：中华书局2008年版。

② 〔明〕吕坤：《实政录》卷一，北京：中华书局2008年版。

③ 〔明〕吕坤：《实政录》卷一，北京：中华书局2008年版。

④ 〔明〕吕坤：《实政录》卷一《州县佐贰之职》，北京：中华书局2008年版。

⑤ 〔明〕吕坤：《实政录》卷一《知州知县之职》附录“太原谕属”，北京：中华书局2008年版。

⑥ 〔明〕吕坤：《实政录》卷一《知州知县之职》，北京：中华书局2008年版。

于心。

他把古往今来品格不同的官吏分为八等人：第一等人有恻隐之心，往往像父母对待儿女一样温存体贴，千方百计地为百姓考虑，“心切而政生，虑周而政详，圣人虽欲歇手而不得”，这种人称得上是“率其自然”；第二等人“看得天地万物一体，是我性分；使天下万物各得其所，是我职分”，认为“惓惓维世道，亟亟爱民生”是理所应当的，这种人称得上是“尽其当然”；第三等人认为“士君子立身行己，名节为先”，属于“为名而为善者也”；第四等人把“守能洁己而短于才，心知爱民而懦于政”当作“善”，但是对于当地郡邑毫无益处，属于有德无能之人；第五等人属于“品格无议，治理难成”的类型，无论做人做事与第四等人相仿，但比较起来却又降低了一层境界；第六等人属于“无爱民之实，亦不肯虐；无向上之志，亦不为邪”的庸碌之辈；第七等人属于“实政不修，粉饰以诈善；持身不慎，弥缝以掩恶”的巧宦，已经成为风靡于当时官场的常见类型；第八等人是那种一心追名逐利的利欲熏心之辈，也是吕坤口中的“此明王之所不赦，明神之所以必殛者也”。[①]

面对世风日下的社会现实，吕坤呼吁同僚官吏要相信世道人心和恻隐之心，不能将上天赋予我们的高贵身体变成“酒肉之囊、锦绣之架”，不能把天下百姓当成“士夫之鱼肉，官府之库藏”，要做品格高尚、有位有为的正直官吏，像圣人那样“以天地为心，为生民立命，心思既竭，仁爱无穷”，最终实现“必使乾坤清泰，海宇安康”的美好理想。[②]

吕坤将刊刻好的《明职》一书送给朋友后，友人认为他的说法过于直率，吕坤却以《论语·季氏》中孔子关于“益者三友”的观点来进行反驳。孔子曰：“益者三友，损者三友。友直、友谅、友多闻，益矣；

① 〔明〕吕坤：《实政录》卷一《知州知县之职》，北京：中华书局2008年版。

② 〔明〕吕坤：《实政录》卷一《知州知县之职》，北京：中华书局2008年版。

友便辟、友善柔、友便佞，损矣。”吕坤认为，孔子所列举的“益者三友”，其中“友直”放在最前面，所以真正的士君子都是“良心炯炯，灵明固知”，与自己一样“恶恶有同心”，相信他们“不罪余直”，只有那些不肖之人才会指责别人说话太直率，表现出吕坤为官刚直、光明磊落、不惧人言、直言敢谏的铮铮铁骨。

卷二至卷四：“民务”部分，包括“养民之道”“教民之道”“治民之道”三个方面的内容。万历十九年（1591）十二月初四，吕坤从山西按察使升任陕西右布政使半年后，再次升任都察院右佥都御史，钦差提督雁门等关，巡抚山西。万历二十年（1592）下半年，吕坤撰写了多篇与百姓生活密切相关的文章、书信等，以表达自己多年的治政理念：六月，吕坤召集太原所属州县掌印正官加以训谕。八月，吕坤移驻代州后曾拜谒当地的孔子庙，为在学诸生试讲治学修身之理；为使地方官吏明确工作职守，撰写《明职引》一文，并将此书刊刻发行于所属诸地方官吏；为“振刷边务，以固疆防”，吕坤将自己所撰的《安民实务》行下雁门、宁武、偏头三关将士。夏秋之际，特意撰写《寄总河刘晋川》一书，向山西沁水人刘东星进言城守御倭事宜；撰写《寄石东泉司马》，申述山西兵力薄弱的现实状况，建议时任兵部尚书的石星募兵陕西，以备河防之患。《实政录》卷二至卷四集中体现了吕坤关于民务方面的实政思想。

《实政录》卷二首先载录了吕坤撰写的一段类似序言的文字，可以看作是吕坤治理民务思想的总纲。其文大意是：吕坤“为款摘民生要务，责成有司以求实效事”[①]，曾经对历代君主修政为民的事迹进行过梳理和思考，认为明太祖朱元璋亲自编纂的《大诰》三编尤为警切；作为地方郡邑之父母官，理应兢兢业业，殚精竭虑，敏于行事，养一方父老，

① 〔明〕吕坤：《实政录》卷二卷首语，北京：中华书局2008年版。

保一方平安，就是最大的功绩；但因为官吏执掌一方的时间不定，往往等不及见到治政成效就再次升迁离任，所以有时候为民生着想，治标反而比治本更能让百姓得到实惠，故而吕坤说“夫饥而种粟，不若索胡饼于食坊；寒而树桑，不若市缊袍于衣肆”[①]，更加看重胡饼缊袍之类看得见、摸得着的实物，以期能让百姓过上吃饱穿暖的生活；如果官吏不仅不遵循历代圣贤传下来的规训，反而做出追名逐利、有碍民生的卑鄙之举，这种人只配在一众乡邻和自家妻妾面前耀武扬威，又有何面目穿行在士君子之林中呢?

这段文字中提到的“《大诰》三编”，是明太祖洪武年间为警戒臣民而颁布的三部法律文书，即《御制大诰》《大诰续编》《大诰三编》，命令民间家传户诵，后人将其合称为“《大诰》三编”，以实现“忠君孝亲，治人修己”为目的。吕坤以明政府的官方律法条文为依据，加上自己的治政实践，提出了治理民务问题的具体举措：

一是养民之道。吕坤认为，“养道，民生先务、有司首政也”，所以古代圣贤认为治理政事最重要的内容就是要使百姓丰衣足食，生活富裕。他把养民之道具化为若干方面，下面将所收类目、主要内容与对应条目一一分列如下：

（1）“小民生计”：后附“山东劝栽种语”，计 10 个条目。

（2）“积贮仓谷”条：先述出台此条例的意义在于“宇内之重，无重于民生矣；王政之急，无急于积贮矣”，后列 11 个条目，并附录“救命会劝语”，第 955 页举唐修脚之例，说明日积月累之用）。

（3）“粜谷条约”条：先述出台此条例之目的，再列对应的条款，计 12 个条目。

（4）“收放仓谷”条：先述往年相关情形与弊端，再列条款，计

① 〔明〕吕坤：《实政录》卷二卷首语，北京：中华书局2008年版。

23 个条目。

（5）“存恤茕独”条：先述国家法律的相关规定、社会现状及出台此条文的重要意义，再列条款于后，计 12 个条目。

（6）“收养孤老”条：先述社会现状，再列具体收养条款于后，分别录“审收十条”和“存恤十条”，共计两大类 20 个条目。

（7）“赈济饥荒”条：先述国家规定，再列条款，计 19 个条目。

（8）“振举医学”条：先述意义，再列条款，计 16 个条目。

（9）“简约驿递”条：先述原因，再列条款，计 20 个条目。

（10）“清编火夫”条：先述原因，再列条款，计 18 个条目。

综上所述，卷二共收录与“养民之道”相关的内容十个大类，每类又分为 10~23 条具体举措，可谓条分缕析，层次分明，内容翔实，逻辑清晰。如“赈济饥荒”条共制定出 19 条具体措施，依次为“广煮粥之地”“择煮粥之人”“行劝义之令”“别食粥之人”“定散粥之法”“分管粥之役”“计煮粥之费”“查盈缩之数”“备煮粥之具”“广煮粥之处”“酌给粥之节”“备粥场之药”“遇饥馑之时（施行办法）”“饥病之人（施行办法）”“各乡村煮粥（施行办法）”“煮粥自饥甚之时起，至谷熟之时散”“舍粥之家（奖励之法）”“过往流民（施行办法）”“（非饥荒之年）煮粥器皿等收藏管理办法”[1]，凸显出吕坤为官为民务求实效的工作态度和亲民作风。

二是教民之道。卷三收录的“民务”内容，编纂体例与卷二相类似。下面仅将所收条例、主要内容与对应条目数量分列如下：

（1）“查理乡甲”条

吕坤首先申明公布这一条例的原因，即“劝善惩恶，莫如乡约；缉奸弭盗，莫如保甲。此二帝三王之遗制，虽圣人复起，轨众齐物，舍是

① 〔明〕吕坤：《实政录》卷二，北京：中华书局2008年版。

无术矣”[①]。

他认为，乡约保甲之制的重要性毋庸置疑，“实行则事理民安，虚行则事烦民扰，不行则事废民恣”[②]。既然已经有了现成的法令制度，只要相关人员负起责任，就能够鼓舞人心，提振士气，取得良好的效果。接着，该条例先后载录了13条具体措施，大略以宣扬教化、褒奖良善、谨守规矩、严明法度、保护乡里等为主要倾向。最后，条例后附录有“乡甲劝语”，向山西百姓说明“乡甲之行有十利而无一害”的道理，备述施行乡甲之约的十大好处，概括起来就是“乡约一行，恶人没处存身，善人得以自保，纵有诬执之人，大家连名辩证”[③]，只要百姓们“十分力行，千年共守”，就是为自己的子孙后代积福，即使将来现任长官换成别人，也不要轻易让条约废去不用，千万不要让“以二小人赌气儿坏了大家的规矩”这种类似现象发生。

（2）“兴复社学”条

吕坤先总说撰写此条例的目的，是“为兴复社学以端蒙养事”，原因在于“王道莫急于教民，而养正莫先于童子”[④]，而学校的教育制度久已荒废，朝廷委派的教育官员指望不上，只有官府在各府、州、县所设立的教授民间子弟的社学还能发挥点作用。接着，条例依次列举了20个条目，详细叙述兴复社学的具体举措，真知灼见随处可见。

如第一则直言教育的教化功能呈现出式微的趋势，“自教化陵夷之后，举世不知读书为何事。二千余年迷误至今，师弟相督，父子相传，不过取科甲求富贵而已”，而选拔社师的标准是“今选社师，务取年

① 〔明〕吕坤：《实政录》卷三，北京：中华书局2008年版。

② 〔明〕吕坤：《实政录》卷三，北京：中华书局2008年版。

③ 〔明〕吕坤：《实政录》卷三，北京：中华书局2008年版。

④ 〔明〕吕坤：《实政录》卷三，北京：中华书局2008年版。

四十以上，良心未丧，志向颇端之士，不拘已未入学者二十余人”①。

第二则说明社学设立的基本情况，招收学生的年龄范围，社师束脩的供给标准、提供来源、奖励机制等，即“四关立四处，大集镇二百家以上者立一处。甲长各查本甲中子弟，年八岁以上、十六以下共若干人，报于约正。除能自备束脩外，如果家道贫难，约正开名报官，官为设处。大段社师以每岁粟二十石为厚供，少亦不减十二石，多寡之数，以学问与功效为差”②。

第三则说明送小孩子进社学读书的作用，称“子弟读书，大则名就功成，小则识字明理，世间第一好事”③，所以要通过广泛宣传让所有百姓都知道，无论家境贫穷还是富贵、农忙还是农闲，都要让适龄儿童在每年的十月至次年三月到社学读书识字，经过三年的学习，如果确实不是读书的材料，可以让其结束学业回家做事。

第五则强调“学者立身，行检为重”，并列举了十条戒律，分别是“一戒说谎，二戒口馋，三戒村语淫言，四戒爱人财物，五戒讲人长短，六戒看人妇女，七戒交结邪人，八戒衣服华美，九戒捏写是非，十戒性暴气高”④，如果明知故犯，就要按照读书的规矩加倍从重责罚。

第七则从正反两个方面详细讲述对学生日常言行举止的诸多要求，包括行步、说话、作揖、侍立、起拜、衣履、瞻视、抄手、在坐九个方面的内容，如“行步要安详稳重，不许跳跃奔趋”“说话要从容高朗，不要含糊促迫”“衣履要留心爱惜，不可邋遢”⑤，如有违犯者要罚跪，再三违犯者会重责。

---

① 〔明〕吕坤：《实政录》卷三，北京：中华书局2008年版。

② 〔明〕吕坤：《实政录》卷三，北京：中华书局2008年版。

③ 〔明〕吕坤：《实政录》卷三，北京：中华书局2008年版。

④ 〔明〕吕坤：《实政录》卷三，北京：中华书局2008年版。

⑤ 〔明〕吕坤：《实政录》卷三，北京：中华书局2008年版。

第九则主要说明社学的讲授内容多为符合伦理纲常之作品，如“每日遇童子倦怠懒散之时，歌诗一章”，选择一些典范之作“集为一书，令之歌咏，与之讲说，责之体认”，所选内容除了《诗经》中的古诗外，还有“汉魏以来乐府古诗，近世教民俗语，凡切于纲常伦理道义身心者，日诵一章”[①]，如果有学生胆敢学习那些“新声艳语”，一旦被发现定然重重责罚。

第十则主要说明八岁以下初入社学者的开设课程多为“三百千”之类，其中学《三字经》是为了“习见闻”，学《百家姓》是为了“便日用”，学习《千字文》是因为其“亦有义理”。一般情况下，“有司先将此书令善书人写‘姜’字体刊布社学，师弟令之习学。盖‘姜’字虽吃力，而点画分毫不苟，作字之时，能令此心不放，此心不粗”，从而“有益于性灵也”[②]。

第十四则主要讲授怎样写作，称“作文出极明浅易于发挥题目，作不得题细讲一遍，仍作此题，一题三作，其思必尽，其理自通，胜于日易一题也”[③]，强调从小处着手，由浅入深，举一反三，深思熟虑，其效果远远胜于每天换一道题目去做。

第十九则再次强调创办社学的宗旨“非为教举业，全为正童习”，如果没有按照规定的条款去做，“德行未习而文艺是谆谆”，哪怕社师的文学功底很深，也要坚决将其革职并劝退，不再留用等。总之，所有的规定都是为了办好社学，为了培养人才，为了纠正风气，为了维护教化。

（3）“修举学政”条

此条首先高度概括了宋代以来学政不修、世风日下、世道渐衰的状

---

① 〔明〕吕坤：《实政录》卷三，北京：中华书局2008年版。

② 〔明〕吕坤：《实政录》卷三，北京：中华书局2008年版。

③ 〔明〕吕坤：《实政录》卷三，北京：中华书局2008年版。

况，而当今时代常见的“所谓有书而无学，有士而无师，人才不三代”现象，其内在根源由来已久，并不是当代士君子的过错，但如何解决“学政不修”的问题，却是各地守令面临的现实困境。接着，吕坤交代了修举学政的缘由，指出自己昔日在大同任知县时采取的举措为人称善，姑且记录其大略内容，供贤德之人借鉴之用，并附录了相关的条目20则，内容要而不烦，文字颇为精当。试举几例说明之。

比如第七则称“朋友之道，古今只有八字：‘德业相劝，过失相规。’无此八字，即刎颈之交，不过情缘”①，并举了南宋抗金英雄文天祥与朋友之间肝胆相照的例子加以说明。

第八则指出读书人最容易犯的通病就是“浮薄傲慢”四个字，如果能够改正错误，把“衣冠务要朴雅，言语务要简直，礼貌务要谦恭，动作务要庄慎”作为立身处人的准则，就会达到“无所往而不可”的境界②。

第十则强调“学校之设，不专为诸生，正欲使市井间阎薰诸生之德而善良耳”，意思是设立学校的目的在于让市井之人都能受到诸生品德高尚的熏陶，从而一心向善，而那些读书人“有居一乡而一乡化其德者，乡约举报到官，文学虽劣，有司申呈上司，特加礼遇，送扁旌门”③，甚至还对家贫而品德高尚者的婚丧嫁娶事宜给予大力支持和帮助。

第十七则更是直称“孝节两事，此人间首善，风化美倡也”，但是现实生活中推荐给朝廷的人选很多都是虚假的，往往导致“其实门第者易著，而贫贱者难达也”④，只有民间风评甚好之人才会让人心服口服。

第十八则再次强调学校的主要功能之一，在于“学宫俎豆，非独祀

---

① 〔明〕吕坤：《实政录》卷三，北京：中华书局2008年版。

② 〔明〕吕坤：《实政录》卷三，北京：中华书局2008年版。

③ 〔明〕吕坤：《实政录》卷三，北京：中华书局2008年版。

④ 〔明〕吕坤：《实政录》卷三，北京：中华书局2008年版。

先贤，正以劝后学也”等，从多个侧面反映出吕坤为官的尽职尽责，踏实求效。

（4）“禁约风俗”条

此条首先表明撰写这一条例的主旨，是“为禁奢侈以养财用事”，大致讲述了万历十二年以来民间生活的疾苦，表达出“夫风俗纪纲，本院之职也；振扬风纪，本院之事也。如有不从，则明罚敕法自有朝廷之三尺”①，所以不敢相互宽慰，不敢玩忽职守。接着又分别罗列了具体举措 12 款条约，并命令自己管辖下的众人要严格遵守乡约，如有违犯三起者，就由“州县卫所掌印官定行议处，多者参提降斥”②，算是权责分明，惩罚有度。

（5）“恶风十戒”条

费孝通先生认为，“道德观念是在社会里生活的人自觉应当遵守社会行为规范的信念”，“包括着行为规范，行为者的信念和社会的制裁”。因此从社会学的观点来看，“道德是社会对个人行为的制裁力，使他们合于规定下的形式行事，用以维持该社会的生存和绵续”③。

在中国古代乡土社会中，传统民风民俗中也存在着很多不良习俗，使民间百姓深受其害，成为制约社会和谐风尚的重要因素。为了禁止这些恶风邪气，吕坤担心各级官吏不重视以前刊行的乡约中制定的相关条款，担心普通乡甲遇到横暴之民不敢管理，使得民间百姓暗中受到残害而官府却不知道那些暴徒的恶行，所以特意将生活中常见的十种恶俗之风加以归纳总结，编成《恶风十戒》加以刊行，意在让有司能够更加重视，让乡甲行动有所依据，让恶人恶俗不敢逾越雷池，让心地善良之人能够

---

① 〔明〕吕坤：《实政录》卷三，北京：中华书局2008年版。

② 〔明〕吕坤：《实政录》卷三，北京：中华书局2008年版。

③ 费孝通：《乡土中国》，北京：人民出版社2008年版。

心安意适，可谓用心良苦，一举几得。如针对现实生活中常见的孤儿遗产案件，条例给出的处理意见是："孤儿所遗产业，或自己管理，或尊长寄收，虽有重大紧急事情，受寄之人不许分毫典卖。但有典卖者，即将犯人十倍重处，仍于本犯名下勒限严追，虽鬻妻变产，亦令赔完。中人一例重究，其奸富恃财知情擅买者，除重究外，产给原主，价不退还。"[①]除此之外，条例还就寡妇守志者的产业分配问题、无耻棍徒诱骗孤子少年的处理方法、有司衙门受理民事案件的处理原则、为求钱财而扰乱民生的刀笔讼师之量刑定罪标准、捕风捉影捏造谣言之人的惩处办法、因男婚女嫁而产生的财产纠葛问题、勾引良家妇女的寡廉鲜耻伤风败俗之辈如何惩处、涉及赌博者如何处罚等方面加以详细说明，能够有针对性地解决社会生活中的实际问题，可见其为国分忧、为民解忧的一片赤诚。

（6）"有司难禁"条

打铁还需自身硬，有令不行恶果生。这部分内容主要针对有司衙门在执法过程中已经出现过的情况或可能会出现的问题进行分析，强调居官之人的主观意念对于社会治理成效的深度影响，认为做官者"一念正，则千思万想，自有肺肠；一念邪，则万语千言，徒费唇吻"[②]，所以吕坤把这一条例列为民务问题中的"大款"，旨在尽量避免或减少"有司所为而民间所苦"的现象发生，并把诸多看似细小琐屑实则"政体攸关"的事情分类编排，杂列于后，以为贤者借鉴。

卷前说明文字之后，依次罗列了二十七款条目，内容涉及衙门供事服劳、操控民间交易、强买强卖民间地房、书吏营私舞弊、佐贰不许受词、有司出纳支销、乡甲保正骚扰地方、府州县官统一遵循度量衡标准、市井无赖衙门皂快等威逼利诱诈骗钱财等、蠲免钱粮者中的诸多弊端、

① 〔明〕吕坤：《实政录》卷三，北京：中华书局2008年版。

② 〔明〕吕坤：《实政录》卷三，北京：中华书局2008年版。

府库钱粮的开销积弊、官吏贪腐现象积弊之深、衙门日常办公经费的使用、官僚之间结党营私或相互倾轧之风难禁、馆阁楼台的兴修养护等问题，林林总总，一一论及。试举几例简要加以说明。

吕坤年届四十才入仕途，在官场历练二十多年，于社会人情世故和官场陈年积弊知之甚深，所以把禁止出身公门之人滥竽充数、营私舞弊的行为列为首要任务。故其第一则条款写道："衙门供事服劳自难缺役，但所审均徭，皂快青衣不为不足，而歇班民壮更觉余闲。有司留意用人，既谨滥差，又察旷惰，安所贵多哉？乃皂快一名，挂搭三四，正差领票不行，挂搭骗钱分使，是多一人多一狼虎也。彼白手公门，身家妻子赖焉，不害小民，何以足用？爱民者清裁，此辈最为第一。"①

条例第三则和第四则主要讲官府衙门中一些贪官恶吏的丑恶行径。他们欺上瞒下，里外通吃，扰乱纲纪，败坏民风，在处理一些民间土地房产事务时利欲熏心，暗箱操作，不是协调各方"价随时值"，而是故意让正常的交易不能顺利进行，要么怂恿当事人，"为姑息之仁者，怜卖主数告，皆与断给，借纸赎之资者开告端，遂启无穷词讼"，要么从中挑唆，"既告买家，则原业亦有原主，株连蔓引，满县骚烦，赎银不可胜用"②，上演了一幕幕"吃了原告吃被告""公门之内好修行"的闹剧。因此，吕坤主张"举一县之大事，须通一县之民情，至于听讼审差，全凭独断，左右之人冷言佯语，左使柔行，彼得货利而我乱是非，所关不细，故听言不可以不审也"③。

数则条例之后，还别出心裁地附有"官问二十三条"，将官场芸芸众生观察得细致入微，并针对多年之弊端一一发问，让人有振聋发聩、

① 〔明〕吕坤：《实政录》卷三，北京：中华书局2008年版。

② 〔明〕吕坤：《实政录》卷三，北京：中华书局2008年版。

③ 〔明〕吕坤：《实政录》卷三，北京：中华书局2008年版。

醍醐灌顶之感。其文高度凝练，实践性强，具有超越时空的意义，故按照顺序一一抄录如下：

一、官不修职，民不安生。掌印官，僚属之表也。巡检有无刁措行商，疏虞囚盗；驿丞有无克扣银两，虐卖徒夫；巡捕有无下乡科扰，强窃公行；管粮有无需索常例，混比贫民；清军有无卖脱正户，屈解无干，及一切纵容手下凌夺小民，见今作何倡率？

二、世教衰颓已久，教官不知学校为何设，生儒不知读书为何事。岂无敦德尚行之人，谁知崇重？是以修己治人之道全不讲求，朝廷作养人才，责成全在提调，见今何以端其无邪之习？养其有用之学？

三、下户穷乡岂无俊秀子弟？止为衣食有缺，不能供给束脩，以致一字不识，一善不闻。椎鲁凶顽，多以恶败。昔文翁教蜀，令狐化夷，俱成文物之俗，彼独非守令乎！见今作何训诲？

四、乡约保甲，二祖成宪，列圣申明，不行则化民成俗更无他道，欲行则约正保长借以害民。至于冠祭尽废不行，婚丧任情昧礼，小民不知八行为何物，下里不闻六条为何语。乡约果否便民，或于乡约之外更有教民之法，亦要条陈。

五、火夫编派穷民，乡夫尽是佃户，收头赔办酒席，街坊敛出家火，保夫负累近村，镫夫催赶傍道，驿递之夫马含愁，仓廒之斗级称重，库子之赔累难支，行户之赊欠为苦，见今作何宽恤？

六、本境盗贼近日曾否严挨不敢窃发，境外盗贼近日曾否严盘不敢潜入，窝主窝访大奸有无缉拿竭绝？

七、民间风俗，奢靡邪淫，既不知敦崇节俭，惰农游手，又不能自理生活，丰年尚有冻馁之民，再饥宁无死亡之患？至于仓谷，动申借支，收谷又不即完。救荒有术，备荒有道，见今作何区画？

八、钱粮拖欠，屡催不完。一切严，则贫困苦于包赔；一切宽，则豪富任其逋负。责成里长，有包纳侵使之奸；督责花户，有奔走伺候之苦。又大户收头，罪有司重收杂派；本色起解，苦临仓脚价添搭，见在作何收解？

九、衙门吏书舞文坏法，或变乱丁粮，或洗改图册，或重轻罪名，或要索人犯。皂快下乡，或添帮挂搭，或拷掠良民，或骗诈货财，或凌辱妇女，见今作何防闲？

十、邪说教门，诱结奸党。愚民会首，募盖神祠。明造妖言，暗操乱柄，骗财渔色，惑世诬民，见今作何禁止？

十一、凶徒聚众殴人，奸人设计骗财，贪夫凌夺孤寡，积棍帮唆愚幼，刁民明诬善良，见今作何慑服？

十二、本境鳏寡孤独、瞽目跛足不能自存之人，共有若干？有无依赖？见今作何措置，使之得所？

十三、延绥捣巢，庄明报怨，兼以朔方兵变，勾引强胡，重兵压境，去三晋止隔长河。款贡之讲未成，剥床之灾可虑。万一肆行攻劫，何以待之？夫城池仓库，守令关系匪轻，城市闾阎丁壮果否讲武？四面环攻，城上如何作守？十日无食，城中如何为生？此突忽之忧，难料之事，见今如何料理？

十四、文移簿书积案盈箱，五督十催全不完报，日多一日，徒劳纸笔，见今作何清楚？

十五、市井暗骗明瞒，乡村大斗小秤，镇店光棍把持，买卖滥抽税钞，见今作何禁革？

十六、禁讼则民有抑郁之情，任讼则民有拘系之苦。今无讼万不敢望，倘得听讼犹人，亦可免滥息刁，伸冤理枉，见今作何禁谕？

十七、树蓄先王美利，桑枣昭代严行，年年造册奏缴，处处都是捏将，此事果否虐民，如何通不遵守？

十八、流来水户，戏子娼优，诱财败俗，与夫师婆妖巫，指称回避祈禳名色，啜骗愚幼妇女，见今作何驱逐？

十九、游食僧道，乞丐壮丁，流来光棍，寄寺宿窑，骗财乱俗，甚为民害。与夫本土之民，流离他乡，何计招徕还复故里？何术安抚？

二十、地粮诡寄，何以收归？一人欺隐，何以查复原额？荒闲之地，何以勘实？死逃之丁，何以除补？

二十一、道路、桥梁、沟渠、城垣、仓庾、监禁、养济、医学、社学，何以修理兴复？

二十二、先王跻民寿域，圣世特设医官。近日有司全不理会，致贫民死于无医，愚民死于庸医。然则医可废乎？见今如何作养？

二十三、衙门人役，日朘民膏，中间人多于事，食浮于人，或役使不均，或差用无法，见今如何调停？

这二十三则条款，基本涵盖了地方官吏职责范围内需要关注的方方面面，表现了吕坤对如何保障地方社会民生的深入思考。

三是治民之道。卷四收录的“民务”内容，编纂体例与卷二、卷三相类似，但关注的内容则侧重于治民之道。下面试举几例，将所收条例及相关内容简要加以介绍。

（1）“清均地土”条

此条首谈土地的重要性，称“州县之弊，莫甚于差粮；而差粮之奸，皆生于地土”，如果土地的问题不说明清楚，那么就会出现“奸豪遂欺诡之谋，良弱受包赔之累”的严重后果。因此，任何一个地方长官最重要的事情，“莫如清均急，亦莫如清均难矣”[①]。讲明“清均地土”的重要意义后，条例于是将21则相关条款“撮其大略如左”，大致内容包括“均丈之法”“自报田亩之法”“下自首之令”“设投柜之法”“记录备案之法”“田亩公布之法”“实地勘察之法”“丈量田亩尺寸之法”“瞒报惩处之法”“严查掣丈之法”“多报掣查之法”“勘合土地与派税粮之关系”“简化派粮之法”“丈量土地与原额有余者处理之法”“查勘驻扎或屯居境内的机构所占土地之法”“贫民开荒土地的纳租之法”“开垦荒地植树种田管理之法”“承种久逃业主土地的管理之法”“闲置无主土地的开垦之法”“禁止奸民开报除豁土地者管理之法”“严查严管军校购买民田不纳民间差粮事宜”[②]等，条分缕析，详细全面。

（2）“改复过割”条

此条内容主要涉及土地清丈过程中出现的“过割”之制的积弊问题，卷首有两段类似于总序的文字，较为清晰地表达出吕坤对于“改复过割”问题的看法与建议。

第一段话开门见山，直陈制定此条例的目的是“为复初制以除积弊事”，指出“照得过割之制，祖宗自有成法”。但是，任何一项制度或规定的落实都决定于执行者的具体实践情况，明代中后期实行的土地制度，因受“四海通失初意”现状的影响，导致“奸民诡隐之端，多有司无穷之讼”的严重后果。

作者本着“有分土无分民”的指导思想，分别从省、府、州县、里四个层面进行分析，指出“国家分天下为两京十三省，自各省言之，山西、河南固接壤也，未见河南人买山西地而过之河南者。自各府言之，

① 〔明〕吕坤：《实政录》卷四，北京：中华书局2008年版。

② 〔明〕吕坤：《实政录》卷四，北京：中华书局2008年版。

平阳、太原固接壤也，未见平阳人买太原地而过之平阳者。自各县言之，阳曲、徐沟固接壤也，未见徐沟人买阳曲地而过之徐沟者。至于一县之有各里，犹天下之各省、一省之各府、一府之各州县耳”的历史事实，从而顺理成章地得出结论，即“乡图各有土名，地土各有坐落，安得以南里之地因北里所买遂随北里之民改为北里之地哉？”[①] 接着，作者引用明初颁布的《大诰》中的两段话作为例证，说明如果把“过割寄庄，移邱换段”这八个字的意思解释清楚了，就应该知道祖宗关于过割问题的处理方法。举例来说：“过割”是指“北里赵甲买南里钱乙之地，钱乙割地过于赵甲名下，非谓割钱乙之南里过于赵甲之北里也”；而“寄庄”的情况又有不同，“钱乙之地，钱乙为庄，仍在钱乙名下纳粮”的情况叫“不许寄庄”，“寄庄者”则是指“仍寄钱乙以为庄，而避地多家富之门户也”；至于“移邱换段”，也就是当今社会所说的“过割”，一般情况下“大区为邱，小块为段，谓钱乙之邱段本在南里，今从赵甲走入北里，谓之移邱”。如果两家人只是交换土地的使用权，本身不会造成混乱；但如果两家人把土地的归属地私自交换了，就会造成“乱版图，失原额，开影射之端，成飞跳之弊”的混乱局面。[②] 朝廷对这种情况非常厌恶，一旦发现就重重治罪，但一年多来“粮亏地少”的状况急剧恶化，却又对这种扰乱社会正常秩序的现象无法追究。

第二段话主要针对上述“然则海内皆以移邱换段为过割”的迷谬，将因“地缘里定，寡多不甚悬绝”而造成的诸多弊端一一概括并列举出来。归纳起来，约略如下：

多寡悬殊，“里甲偏累”，其弊一。

引地就人，“变乱版图”，其弊二。

---

① 〔明〕吕坤：《实政录》卷四，北京：中华书局2008年版。

② 〔明〕吕坤：《实政录》卷四，北京：中华书局2008年版。

“地不分明”，“求地于纸上”，其弊三。

“一里之地，满县分飞；满县之田，皆无定处”，无论催科还是寻人，常常“多里老之奔驰，成输纳之逋负”，其弊四。

因为过割致“十年册籍半不相同，沿旧稽新，漫无可考”，其弊五。

“卖主利于多价，应带粮十石者，止带五石”，致使“地不失额，而粮已失额”，其弊六。

“过割之日，卖主中人不同到官，任从买主通同书手，或有开无收，或多开少收，粮既失额，而地亦失额”，其弊七。

“数年之间，地分几里，卖经几人”，致使失额之地难以核查，“琐碎曲折，如理乱丝，令人目眩心烦，竟不清白”，其弊八。

“均丈区册，收之架阁”，致使“稽迟刁掯，愚民受殃”，其弊九。

“书手得财，洗改册籍，有司厌繁，往往亏问”，其弊十。

“本身之地，鬼分数名，催头执名，寻觅终日，对面相逢，竟不知此名为何人，此人在何处，是以差粮不是拖欠即与包赔”，其弊十一。

“本民地也，子粒轻则诡为子粒，屯粮轻则诡为屯粮，实与子粒屯粮之家，通同影射，全无粮差”，其弊十二。

“将上作中，将中作下，问其段落，则指一中下者相欺，竟不知此段是否原段”，其弊十三。

“书手受贿，隐漏钱粮，加合增升，概县撒派”，“及至被发觉之时，但云误笔”，其弊十四。

“有司词讼，十状五差，粮官多拘问之烦，民多牵连之累”，其弊十五。①

通过对上述十五种弊端的详细分析，可以得出这样的结论：“夫复国初之田里，遵时制之过割，革诡隐之巨奸，宽善良之赔累，清郡邑之

① 〔明〕吕坤：《实政录》卷四，北京：中华书局2008年版。

繁讼，便里老之催科，省永远之均丈，便顷刻之清查。”[①]

制度的逐渐完善可以为相关的工作提供有力的保障。在吕坤看来，处理好“改复过割”问题对于处理民事纠纷和维护世道秩序既便捷又好处多多，所以将这种方法命名为“万年清”，并把十九条具体的对应措施一一列举于后。

第一至第五条：完善土地划分的基本条款。

一是针对“边界无存，而地名犹在”的现象，由州县官“选委公正阴医省义等官，眼同各里军民知识省事之人，先算顷亩，后分界限，将概县地土十字开界，如棋盘样，照依原设里名分若干段，还其若干里”，并酌情处理，尽量使每块地“界用绳直”，大致恢复到“国初州县画里分郊，均齐方正”的状态，从而达到“疆界既定，换卖各从其便”[②]的要求。

二是“各里分讫，再与分甲”[③]，如果遇到地势不便难以均分的情况，则可以便宜行事，但上下不能超过提前确定的大致范围。

三是“里量分定，各甲中之人各报地土”，允许自量自报，但如果事后发现有隐漏者，就要“从重问罪，地土不分顷亩，全段入官”，报完之后还要“选甲中殷实识字者掌之，谓之甲正”[④]。

四是将各甲汇总的情况归类造册，称为“里总”，将其“送与委官核实不差”后，最后再“付里中之殷实识字者掌之，谓之里正”[⑤]。

五是“各里将各甲所类甲总类”分别造册、磨对、审核后，再收入架阁库，称为“县总”，最后再由“有司用印钤盖，封锁在笥，付架阁

① 〔明〕吕坤：《实政录》卷四，北京：中华书局2008年版。

② 〔明〕吕坤：《实政录》卷四，北京：中华书局2008年版。

③ 〔明〕吕坤：《实政录》卷四，北京：中华书局2008年版。

④ 〔明〕吕坤：《实政录》卷四，北京：中华书局2008年版。

⑤ 〔明〕吕坤：《实政录》卷四，北京：中华书局2008年版。

吏掌之”[①]。

第六至第九条：完善土地的归属权管理制度。如：第六条强调“以地为主，不以人为主，人系名于地，不许地系亩于人”，原因在于“里甲有定而人无定，地者万古里甲之地，人者随时买卖之人，故不以人为主”；第七条重在防患于未然，“甲总每段之后，空一行为前件”，并随时在各次交易之后注明交易情况，以备查询核对；第八条内容与第七条相仿佛，但侧重点在于“州县置一过割簿，每里空余三五张，凡买地卖地交价已完，买主、卖主、甲正同到县堂税契讫，县官即将买地里分注”[②]，同时将具体要求详细加以说明记录，如有违背，或以“移邱”论处，或以“寄庄”论处；第九条则是具体的规定，即“每里立石碣一通，上书某里十甲，除军屯子粒等地不开外，本县民地共几百几十几顷几十几亩，共该夏粮几百几十石几斗几升几合，秋粮几百几十石几斗几升几合，人许入里，地不出图”[③]，如果违背了相关规定，最终“以变乱成法”论处，并且还要“大书深镌，树之里中”，类似于现代的公示。

第十至第十九条：完善买地买房与纳粮关系的管理制度。这部分内容设置的主要目的是查漏补缺，具体操作。如：第十条讲各里缴纳公粮的数量分配已有定制，但在具体操作过程中常常出现“上户大差得以逃躲”的现象，所以涉及日常买卖时，更应该在规定的时间内做完规定的程序，“凡买卖地土，不同户长或里长与甲正者，不准过割，重加究治”，以防各种情弊和奸弊；第十一条主要讲如何处理“人地分而为二”的情况，关键在于做好“契书所写卖主之里甲，地里甲也；买主之里甲，人里甲也”的情况辨别[④]；第十二条主要强调要十年大造一次黄册，让掌

① 〔明〕吕坤：《实政录》卷四，北京：中华书局2008年版。

② 〔明〕吕坤：《实政录》卷四，北京：中华书局2008年版。

③ 〔明〕吕坤：《实政录》卷四，北京：中华书局2008年版。

④ 〔明〕吕坤：《实政录》卷四，北京：中华书局2008年版。

印官对十年间过割总上所注的买卖情况进行统计更造，并留下旧者备照；第十三条主要讲“里正甲正掌总之人”如果违法乱纪如何处理的问题；第十五和十六条主要说明如何避免丈量土地时的诡隐现象、如何处理掌册总者与负责催粮的官吏之间狼狈为奸的问题；第十七条至十九条主要说明执行“一条鞭法”后地方官吏催收税粮的办法及影响等情况，同时也表明作者的态度，即各安本分，务求实效，或云“省二年一次造册审编之扰”，或云“决不可每里动总添减，以启纷纷之弊”，或云尽量避免“各里纳粮属各里，里排不胜催科之扰矣”“各柜纳粮属各柜收头，不胜称兑之烦矣”的情况。[①] 吕坤所采取的诸多举措很见实效，既可以避免乡人买地买房纳粮过程中可能出现的种种弊端，又能够免去基层官吏的四处奔波之苦，于官于民都极为便利，其观点颇得有识之士的赞同。如清人郑端所辑《政学录》一书中，曾大量选录吕坤的相关言论，反映出清朝初年官员士大夫对吕坤吏治思想的认可与重视。

（3）其他条目

吕坤主持编撰或制定的地方法规或条文大多是技术性的或规范性的，常常结合各个方面的情况加以分类编排，先交代背景后条分缕析是其最突出的特点。如：“编审均徭”条共列举19则条款；“征收税粮”条共列举28则条款；“敛解边饷”条共列举16则条款；“查归流民”条共列举10则条款；“复业丁引”（自注：以代路引，免致盘诘）、“老幼残疾丁引”和“远行丁引”三条内容，都是吕坤督抚山西都察院时所刊布，前两条只简单说明而未列条款，后一条既列有4则条款，又在后面附录了《山东招抚逃民劝语》一文，可以看作其治理思想和治政实践的延续与发展；而“弭捕盗贼”条共列举9则条款，且在题目下方自注云“当与《风宪约》中《盗情》十一款，《宪纲》中《盗源》十四条，《狱

① 〔明〕吕坤：《实政录》卷四，北京：中华书局2008年版。

政》中《辨盗》一篇会看”；“修理桥道”条（守路附）共列举 8 则条款；“解送军囚”条共列举 10 则条款；“禁谕乐户”条共列举 11 则条款。这些条款虽体例相近，然内容各异，所举事例皆生动翔实，体现出作者对治理政事的审慎态度和忧国忧民的儒家情怀。[①]

卷五：“乡甲约”。这里的“乡甲”，是“乡约保甲”的简称。“乡约”一词最早见于北宋熙宁年间陕西蓝田大儒吕大防、吕大钧等兄弟几人撰写的《吕氏乡约》。据《宋史》卷三四〇《吕大防传》记载，吕大防与其兄吕大忠及弟吕大临同住一处生活时，“相切磋论道考礼，冠昏丧祭一本于古，关中言《礼》学者推吕氏。尝为乡约曰：‘凡同约者，德业相劝，过失相规，礼俗相交，患难相恤，有善则书于籍，有过若违约者亦书之，三犯而行罚，不悛者绝之。’”[②]清人陈宏谋在《训俗遗规》“朱子增损吕氏乡约”条下所撰的按语中，也曾叙述吕氏兄弟编撰乡约的社会背景，称蓝田吕氏兄弟都曾经从学于伊川、横渠两位先生，一门众兄弟汇聚一堂，在德行道艺等方面为乡人所敬信，因此编撰修订出以此为基础的乡人约。乡约是一种以某一区域的地方宗族为单位的乡村组织，意思是乡人经过协商所制定的要求共同遵守的规则条约，旨在宣扬伦理道德、提高地方教育水平、扩大民间社会交流和经济合作，具有明显的自发性、地域性和教化性。“保甲”则是北宋时期王安石在汉唐以来民户制度的基础上始创的一种军事制度，主要观点是“什伍其民”“变募兵而行保甲”。王安石在宋神宗熙宁年间主持变法运动时，主张将若干家编为一甲，设甲长；将若干甲编作一保，设保长；定十户为一保，五保为一大保，十大保为一都保。其本质是以家庭为单位进行管理，以维护地方社会治安为宗旨，以“寓兵于民”的形式强化国家的军事防御

---

① 此段文字所列条款和数据，可参照吕坤《实政录》卷四中收录的相应内容。

② 〔元〕脱脱等：《宋史》卷三四〇，北京：中华书局1977年版。

能力。

吕坤对乡约组织和保甲制度也十分推崇，认为“劝善惩恶，莫如乡约；缉奸弭盗，莫如保甲”[①]，同时又指出，“保甲与乡约是一条鞭，十甲甲长依然不动，只多添了一个甲正副，其操练之法详于城守”[②]，“劝善惩恶，法本相因，而乡约保甲原非两事”[③]，但二者既有联系又有区别，可以看作是同一事情的两个方面，“乡约之所约者此民，保甲之所保者亦此民。但约主劝善，以化导为先；保主惩恶，以究诘为重”。所以，吕坤提议“将乡约保甲总一条编”[④]，将辖区内的居民按一定的行政区划进行管理，并从中选出一部分公道正直者或善书能劝者作为代言人，根据不同情况酌情处理民间事务。如果“一人有过，四邻劝化不从，则告于甲长，转告于约正，书之纪恶簿”；反之，“一人有善，四邻查访的实，则告于甲长，转告于约正，书之纪善簿”[⑤]。长此以往，则奸宄凶民无所容身，境内盗贼无处遁迹，地方治安可得宁静，穷苦百姓可得寡过，刑清政简效果渐显，民间知礼畏义的社会风气可以日渐滋长，这才是执政者所亟需面对的第一要务。

《实政录》卷五专收《乡甲约》一书，集中反映了吕坤对此的看法与做法，在一定程度上扩大了传统意义上乡约与保甲的范围，是对地方乡村自治制度的进一步完善与发展。

吕坤的经世致用思想在明清时期即受到不同程度的关注和推崇。赵

---

① 〔明〕吕坤：《实政录》卷三《民务》“查理乡甲”条，北京：中华书局2008年版。

② 〔明〕吕坤：《实政录》卷三《民务》“查理乡甲”条，北京：中华书局2008年版。

③ 〔明〕吕坤：《实政录》卷五，北京：中华书局2008年版。

④ 〔明〕吕坤：《实政录》卷五，北京：中华书局2008年版。

⑤ 〔明〕吕坤：《实政录》卷五，北京：中华书局2008年版。

文炳《新吾吕先生实政录序》传达出大量的信息：

> 惟我吕先生，天中大贤，得伊洛真传，所著有《呻吟语》，发明六经、孔孟之学，天德王道，渊源于中，居恒慨然以天下为己任，一念民胞物与，真可盟幽独而格鬼神者。比其在铨部也，操人伦之鉴，式序在位，至贵要矣，乃慨叹曰："吾人济时行道，必先亲民。"遂力求外补，一意安民之政。

吕坤在巡抚山西期间，"朝夕焦劳，惟恐一民一物不得其所，故诸所措注，靡匪加意苍赤者"[①]。因为担心那些百姓"啼饥号寒"，所以就教他们开垦荒地、兴修水利，种植桑枣、饲养动物等，意在"必欲家给人足而心始慰"；因为担心"茕民无告"，所以每年都给那些鳏寡孤独之人送去柴米油盐，经常过问他们的生活状况，即便对那些眼睛失明或肢体残疾之人，也都想方设法让他们学会一技之长来养活自己，让那些沿街乞讨的乞丐能够在寒冬住上房子，房子里放有被褥，希望能够使穷苦之人不至于流离失所；因为担心遇到灾荒导致收成减少从而酿成民灾，所以想方设法提前做好各种防护举措，希望能够在各地都设立社仓，这样一旦遇到水旱灾害等突发状况不会酿成灾难；因为担心盗贼惯匪等伤害当地百姓，所以告诫下属一定要落实好保甲之法；因为担心那些淫邪之辈会诱骗当地百姓，所以提前向乡亲们讲明乡约之法的规定；因为担心官员会冤枉或残害百姓，所以特意制定了平反的办法；因为担心奢靡之风会使百姓蒙受损失，所以日常比较崇尚节俭。除上述种种外，吕坤还担心各级官吏处理公务时不够谨慎，也许会使百姓遭到祸害，在公务之事上指陈得失，态度端正，所以"著为《明职》《民务》《乡甲约》

① 〔明〕赵文炳：《吕公实政录》卷首《新吾吕先生实政录序》，北京：中华书局2008年版。

《风宪约》《狱政》诸书，颁布诸司，共期惠养黎元，以臻上理”[①]。归根结底一句话，因为吕坤爱民之心“真如保赤，一猷念，一政事，设诚而力行之，故胪分畛列，戛戛乎其言之也”[②]。

序文最后，赵文炳称自己在担任山东和山西的县令期间，“受知先生最深且久，实炉冶而陶铸之”，所以在奉皇帝之命担任巡按湖广监察御史期间，仍能做到兢兢业业、如履薄冰，时刻提醒自己要按照吕先生教导的方法做好分内之事，以朴素实效为荣，以华丽奢靡为耻，将吕先生的话语奉为圭臬，将吕先生的恩泽发扬光大，以求政通人和，国泰民安。从《四库全书总目》亦可以推知吕坤撰写各部分内容时候的官职，以及赵文炳与吕坤的师生关系。文曰：

> 《吕公实政录》七卷，山西巡抚采进本。明吕坤撰。坤有《四礼疑》，已著录。是书皆其历官条约之类，第一卷为《明职》，第二至第四卷曰《民务》，第五卷曰《乡甲约》，皆巡抚山西时所作。第六卷曰《狱政》，第七卷曰《宪约》，则为山西按察使时所作。其门生赵文炳巡按湖广时校刊之，总题此名。中《宪约》前有陈登云重刊一序，题万历癸巳，而文炳序作于万历戊戌，反在其后，盖诸书各有单行之本，文炳特汇而刻之，存其原序也。[③]

明代的经世文编大多属于抄录汇编的性质，缺乏学术思想的推陈出新，所以经常受到清人的指责。如清修四库馆臣在评价明人陈其愫编撰

---

① 〔明〕赵文炳：《吕公实政录》卷首《新吾吕先生实政录序》，北京：中华书局2008年版。

② 〔明〕赵文炳：《吕公实政录》卷首《新吾吕先生实政录序》，北京：中华书局2008年版。

③ 〔清〕永瑢等：《四库全书总目》卷一三四《吕公实政录提要》，北京：中华书局1965年版。

的《经济文辑提要》时，称其书“编选明代议论之文”，“大抵剿诸类书策略，空谈多而实际少”，并大发感慨，认为“其斯为明人经济乎”[①]，可谓切中弊端之论。吕坤《实政录》以养民、教民、治民为目标，以持定性分、务求实效为原则，集中体现了吕坤深沉的忧世情怀和具体的治政举措，从侧面反映出晚明时期复杂多变的政治环境、举步维艰的社会形势、纷纭繁复的人事纷扰。明末陈子龙在编辑《皇明经世文编》时，就收录了吕坤的七篇文章，分别是《忧危疏》《盐法议》《摘陈边计民艰疏》《停止沙锅潞紬疏》《宗藩二要疏》《答毕东郊按台》《福府庄田议》。而冯应京编辑《皇明经世实用编》时，所收录的三篇文章《督院吕坤积贮条件》《劝令恤穷》《吕巡抚条约》，则与吕坤《实政录》卷二《民务》中收录的相关条目文同题异，即“积贮仓庾”“存恤茕独”“振举医学”条等。清道光年间，河南开封府知府栗毓美在《实政录序》中，则称“先生之全体具见矣”主要体现在《呻吟语》一书，“而其大用则在《实政录》一书”，二者不可偏置，缺一不可。栗毓美认为，《实政录》刊刻于万历戊戌年，也就是“先生以司寇告归之次年也”，当时“儒者之病在空谈性命而无以措诸实事，则所谈者亦古人之糟粕而已”，而吕坤却表现出“肫肫其仁之心触目皆是，其为政大小毕贯，洞民艰，熟世务，明体要，审机宜，辨淑慝，维风教，一诚所注，仁术涌出，夫岂枝枝节节而为之哉”的绝世风采，其“缕缕血诚，披沥于行墨间”的高风亮节，自然不是那些“俗儒之纸舟尘饭所可同年语”[②]，给予其以高度的评价。其出发点虽出于树立典型之需要，实则评价客观公正，并非一味的溢美之词。

① 〔清〕永瑢等：《四库全书总目》卷一九三《经济辑提要》，北京：中华书局1965年版，第1763页。

② 〔清〕栗毓美：《实政录序》，《吕坤全集》下册“附录二”，北京：中华书局2008年版。

吕坤为官刚正清廉，又能体恤百姓疾苦，从七品知县到二品侍郎，不论在地方治政还是在京城任职，始终不改本色。他对君民关系有着自己的理解，认为“天之生民非为君也；天之立君以为民也；奈何以我病百姓！夫为君之道无他，因天地自然之利而为民开导撙节之，因人生固有之性而为民倡率制裁之，足其同欲，去其同恶，凡以安定之使无失所，而后天立君之意终矣。岂其使一人肆于民上而剥天下以自奉哉？”[①]

他重视三代教育之法，却不认可世袭罔替的封建制度，声称“三代之法，井田学校万世不可废”，而“世官封建废之已晚矣”。哀于知，鉴乃行。面对民生多艰的社会现实，他常常意绪踌躇，惆怅莫名，于是在治政之暇预为筹谋，把自己的施政理念和多年的实践得失归纳为具体的民生举措，并付之于笔端，用实际行动推进地方吏治制度建设的缓慢前行。而内容丰富的《乡甲约》一书，就是他关于“哀民生之多艰”思想和行为的集中展现。

《乡甲约》内容丰富，层次清晰，共载录了十则条款，分别是“乡甲至要”“乡甲会规”“乡甲事宜”“乡甲会图”“编乡甲字号”“续编乡甲字号”“和处事情以息争讼”“纪善以重良民”“纪恶以重惩戒”“许改过以宥愚民”。从这些条款的具体内容

---

① 〔明〕吕坤：《呻吟语》卷五《治道》，北京：中华书局2008年版。

来看，吕坤设想的乡甲制度应当具备以下几个方面的功能。

一、推行乡甲促平安

《乡甲约》卷首小引直言编撰《乡甲约》的目的在于“钦差提督雁门等关、兼巡抚山西地方、都察院右佥都御史吕为申明乡约保甲以善风俗、以防奸盗事”[①]。

明代中后期地方风俗“积习既久，振举实难”，在这种情况下，“若殿最之条，但以教化风俗为首；则守令之政，自以乡约保甲为先”[②]。吕坤认为，“乡约实行，自无奸凶，犹有奸凶，是乡约之法未行也。保甲实行，自无盗贼，犹有盗贼，是保甲之法未行也”[③]。在具体的施行过程中，要严格执行下列规定：“议将乡约保甲总一条编，除寄住流民各听房主地主约束，容留者查其来历，出入者问其缘由，但有强盗窃盗生发，即将房主地主并治外，其余本县及寄庄人民，在城在镇，以百家为率，孤庄村落，以一里为率，各立约正一人，约副一人，选公道正直者充之，以统一约之人。约讲一人，约史一人，选善书能劝者充之，以办一约之事。十家内选九家所推者一人为甲长，每一家又以前后左右所居者为四邻……其轻事小事，许本约和处，以息讼端；大善大恶，仍季终闻官，以凭奖戒。如恶有显迹，四邻知而不报者，甲长举之，罪坐四邻。四邻举之，而甲长不报者，罪坐甲长。甲长举之，而约正副不书，掌印官别有见闻者，罪坐约正副。如此严行，则一人罪犯，九十九家之责也。九十九家耳目，一人善恶之镜也。平居无事则互相丁宁，一有过恶则彼

① 〔明〕吕坤：《实政录》卷五，北京：中华书局2008年版。

② 〔明〕吕坤：《实政录》卷五，北京：中华书局2008年版。

③ 〔明〕吕坤：《实政录》卷五，北京：中华书局2008年版。

此诘责。”[1]如能按照这些规定严格执行一段时间，那么“刑清政简之效可以渐臻，知礼畏义之风可以日长，此目前第一急务也”[2]。

在“乡甲至要”条中，作者先是提出“乡约原为劝民，保甲原为安民”的观点，接着指出“行之而善，则民乐于行；行之扰民，不惟无益，而又害之”，最后又针对乡甲中的常见问题，提出“五不扰”的规章制度，如果“去此五扰，而后良法不失美意，民自乐行矣”，并强调“此最吃紧，故首列之，行者幸留意焉”[3]。

而“乡甲事宜”中所列二十一则条款，其中亦有关于地方治理或地方监察的职责规定。如第一则中说到乡里每百家选约正、约副、约史、约讲各一人负责管理乡甲中的日常事务时，“如百家之内无此四人，二百家有此八人，遥相管束亦可”，遇到特殊情况可以“在州县正官各随地方街巷村落远近编派”，可以不必拘泥于形式，“但不许越管遥制，不便挨查”[4]。第三则规定中说：“州县正官，先将各约为善为恶之人密细访察，要见某约某人，某日为某善事，某约某人，某日为某恶事，却将各约善恶两簿及作善作恶之人拘查，或随便亲到本约呼唤审问，如果善恶是真，而本约不曾书写者，除当面奖戒外，约正副讲史各重责纪过。甲长四邻隐匿不报者，与作恶之人一体重究。”[5]前者主要讲怎么更便于管理，后者则主要讲如何对保正、约正等负责实际事务的人加以有效约束等内容。

---

① 〔明〕吕坤：《实政录》卷五，北京：中华书局2008年版。

② 〔明〕吕坤：《实政录》卷五，北京：中华书局2008年版。

③ 〔明〕吕坤：《实政录》卷五，北京：中华书局2008年版。

④ 〔明〕吕坤：《实政录》卷五，北京：中华书局2008年版。

⑤ 〔明〕吕坤：《实政录》卷五，北京：中华书局2008年版。

二、力挽风俗倡教化

吕坤非常重视道德的教化功能，认为“王道莫急于教民，而养正莫先于童子”，极力主张“兴复社学，以端蒙养”[①]。

《乡甲约》卷首小引有云：“照得成周立教，监于夏商，士有庠序学塾以乐其群，民有比闾族党以萃其涣。故百井结为一体，千民联属成家。观俗于乡，则里仁为美；化行于下，则比屋可封。”[②]又说：“自教衰民散之后，惟乡约保甲最良，虽化民成俗之意未及昔人，而轨众齐物之方实仍前代。”[③]

他在“乡甲会规”条中，详细介绍了乡邻参加集会时需要准备的基础设施、排座次序、集会时间、唱赞安排、仪式程序、劝戒善恶、请假制度等情况，强调宣扬风俗教化的仪式之重要。此外，“编乡甲字号”“续编乡甲字号”“和处事情以息争讼”“纪善以重良民”“纪恶以示惩戒”“许改过以宥愚民”等条目也都从不同侧面展现了乡甲约中的规章制度、操作流程，以及坚持正面引导为主、扬善惩恶为辅的处事原则。其中“乡甲事宜”中的条款大多是宣扬风俗教化、传播惩恶扬善思想的内容，最具代表性，下面简要加以分析。

“乡甲事宜”条共撰录了21则条款，内容涵盖了乡甲制度管理过程中的诸多方面。其中第1~8条是关于乡约管理者推选等情况的解释说明，第9~18条是关于乡约日常管理制度的解释说明，第19~20条是关于保正副之推选标准及职责的情况说明，第21条是作者对于乡甲约利弊的概括总结和对下级同僚的勉励希望。

---

① 〔明〕吕坤：《实政录》卷三，北京：中华书局2008年版。

② 〔明〕吕坤：《实政录》卷五，北京：中华书局2008年版。

③ 〔明〕吕坤：《实政录》卷五，北京：中华书局2008年版。

乡约管理者相关条款。这8则条款备述乡约日常管理者的推选、待遇、责任、义务、奖励、惩处等内容，明确要求乡约组织要选择正直无私、德才兼备、能主持公道之人作为管理者。

一般情况下，“每百家选约正一人、约副一人，俱以正直公道能管束处断者为之。约史一人、约讲一人，俱以正直识字能劝善戒恶者为之”，“同居父子兄弟，只报一名在约，分居者人人在约”[①]，但如果是那些乐善好施之家，且其父子兄弟都心甘情愿加入乡约组织者，也可以听从其便。需要说明的是，乡约管理者的推选并不是单方面谁想担任就能担任的，也要具备正直无私、能够服众、不经常外出、工作称职等几个条件，比如“选约正、约副、约讲、约史，须百家个个情愿者”，特别是推选甲长时要求更高，“须九家个个推服，及常不出外者。如扶同滥举非人，许不愿者举出”[②]。但由于人无完人，所以对于那些“或旧过而改新，或善多而过少，或口毒而心善者，情愿从今学好”的人们，也可以吸纳进来。如果甲长不能服众，要允许九家人共同禀报给约正副；如果甲长不称职，要允许九家人另外推举一人替换他，不允许轮流攀附担任；如果其中有些管理者违反了乡规族约，如“以曲为直，将善作恶，向亲识、受买嘱、报私仇、欺贫贱、大伤公论者”，也准许会同约公把情况汇报到官府，并区别对待，“小者本约除名，纪恶于申明亭，大者比众加倍究处”[③]。当然，如果管理者没有大的过错，只是三五人之间有些私人恩怨，那就不允许轻易更换约正副，以免出现有人为得到权贵之家的庇护而故意投充或推诿的现象，进而产生更多奸诈狡猾、投机取巧的弊端。物质利益是促使人们积极投入某一行为的原动力。

---

① 〔明〕吕坤：《实政录》卷五，北京：中华书局2008年版。

② 〔明〕吕坤：《实政录》卷五，北京：中华书局2008年版。

③ 〔明〕吕坤：《实政录》卷五，北京：中华书局2008年版。

乡约管理者的义务与权利是相辅相成的，既然有严格的约束，与之相对应，也会给予一定的礼遇或优待。如允许举行乡约一年以上的约正副“戴耆老幅巾青直身博带，见州县行两跪一揖礼，州县起立答揖。见本院亦许两跪一揖，本院起立拱手”①。身为一个小地方的约正副，能够受到地方长官的如此优待，做起事情来怎能不“勉励奋发，劝善惩恶，表正风俗，以仰体上官之心乎”②？

书中还针对约中之人没有违犯条款格叶的情况下如何进行旌表的事情作了详细说明，并将其按照“一年无犯”“二年无犯”“三年无犯”“六年无犯”“九年无犯”“十二年无犯”的顺序进行分析，从中可以看出吕坤对正面激励和负面影响两种不同情况的不同态度。

如文中规定：

> 约中一年无人违犯条款格叶者，约正旌善亭纪善一次。二年无犯者，约副亦于旌善亭纪善一次。三年无犯者，约正副二人先以花红卮酒赏送于公堂，约讲史各纪善于旌善亭一次。六年无过者，约正副讲史各送扁一面。本约九年不违犯条款格叶者，同约保举约正给与冠带，约副免本身差役，仍与约讲史俱给约正衣冠，以礼相待。十二年约中不违犯条款格叶者，约正副各送牌扁，书本院姓名，待年至七十，仍从各约通举，准入乡饮酒席。其约正年近七十，不能待九年者，掌印官每年考其勤惰公私等第，但肯实心任事，三考各约第一者，三年亦准冠带。③

文中最后一句所说的“冠带”，本意是指顶冠与腰带，引申为“官

---

① 〔明〕吕坤：《实政录》卷五，北京：中华书局2008年版。

② 〔明〕吕坤：《实政录》卷五，北京：中华书局2008年版。

③ 〔明〕吕坤：《实政录》卷五，北京：中华书局2008年版。

家装束”，在上下文中的意思是说年近七十岁的约正即便不能在管理职位上任职满九年，只要他能够踏踏实实做事情，能够在一起参加考核的乡约中连续三次位居第一名，满三年就准许其享受穿官吏服饰的待遇。在统治阶级高度重视等级、明太祖朱元璋亲自制定等级森严的服饰制度的大背景下，这一规定对乡约管理者具有相当大的吸引力。

同时，为了避免乡约管理者造成“滋蔓难图”的危害，制度还规定：“约正副讲史，止为管教一约之人，不许接送官员及州县一切差委、接递听事、朔望升堂、及不干本约事情。无故骚扰拘唤、无罪轻加凌辱，以伤优礼良民之体。违者，掌印官即系昏庸不肖。坏乱乡约，虽有他长，亦行戒饬。”[①]至于在平常的人际交往过程中可能会出现违反规定的现象，如“约正副讲史除正项亲朋礼节往来外，如有处分本约事情，因而受人只鸡杯酒斗谷分银者，即系不立行止无耻之人。被本约讦出，枷号游迎，仍纪恶申明亭，乡邦不与为礼”[②]。其处罚力度之大具有很大的震慑作用。

乡约日常管理制度。相对完善的制度是管理好一个家族、一个村庄、一个区域的根本保障。“乡甲事宜”第 9~18 条就体现出吕坤在设置乡约日常管理制度方面的具体理念。

一是被推举为约正或约副之人以“有德望者”为标准。他深知地方乡绅所拥有的广泛人脉资源及在乡里的受尊敬程度，所以对于那些有学问、有德望、有身份或做过官的人极为看重，并尽最大可能将这些人员推举为约正副者，称“除缙绅举监生员不须编入乡约外，其致仕闲住州县佐贰首领及省祭散官衣巾生员，但有德望，众推为约正副者，州县官以见任乡官、在学生员礼貌一体优待，与各约正副另班行礼”[③]。

① 〔明〕吕坤：《实政录》卷五，北京：中华书局2008年版。

② 〔明〕吕坤：《实政录》卷五，北京：中华书局2008年版。

③ 〔明〕吕坤：《实政录》卷五，北京：中华书局2008年版。

二是呈报乡约手本有严格的规制要求。比如乡约在呈送那些“善恶及条陈利害者，不分是何衙门，俱用连七粗纸手本，封袋缝上，写某州县某字约，约正副某人某人封。若系概约公报，则写某州县某字约，约正某人等同封，不许用细纸，以生科派之端”[①]，意在杜绝那些责令出资或按定例摊派捐款的科派现象。如果遇到那些“大奸大恶，久惯行凶，报恶纪恶，动辄与人为仇”之辈，则由“同约百家连名指实，用手本封固，差约中一人密禀州县掌印正官，差的当兵快当时锁拿，扭解本院”[②]。

在上述几种要求严格的事项中，与吏治腐败息息相关的“科派”问题由来已久。“科派”的本意是责令出资或按定例摊派捐款，后来引申为假借名目搜罗钱财，而那些利用权势大肆侵吞财物之人则被喻为“豪蠹”。这一现象堪称古代中国官场社会的顽疾，也不可避免地渗透到明代社会生活的方方面面。明代话本小说有不少的情节，明人冯梦龙《警世通言》和凌濛初《初刻拍案惊奇》中均有日常生活中“科派”的相关记载，用“极摹人情世态之歧，备写悲欢离合之致”[③]的生动笔触，反映出当时社会的一种普遍生态。

“科派”问题之所以在明代表现较为突出，与当时中央集权的不断强化这一总体趋势有关。从历史经验来看，财政资源的合理调配和分配制度的相对平衡是维持一个社会正常运转的必要条件。

唐代实行的“两税法”，地方上缴给中央的租税占地方年度总收入的三分之一，这一比例相对而言比较符合社会生活的实际需要，因而也是比较合理的。而明代把地方政府所征收的地丁银分成两个部分：一部分是交给中央财政的“起运”，一部分是作为必要地方开支费用的“存

---

① 〔明〕吕坤：《实政录》卷五，北京：中华书局2008年版。

② 〔明〕吕坤：《实政录》卷五，北京：中华书局2008年版。

③ 〔清〕笑花主人：《今古奇观序》，收入黄霖、韩同文选注：《中国历代小说论著选》上，南昌：江西人民出版社1985年版。

留”，地方政府与中央政府的收入比例为三比七。这种分配比例的严重失衡，致使明代地方官员缺乏必要的财政资源，有限的财政收入难以承担起应有的社会职责，从而导致地方财政长期处于十分窘迫的状况。在这样的社会背景下，朝觐之年往往被视为京官收租之年，外放官员回京述职时也往往盛辇金帛以奉京官，所以贪官比比皆是、蠹吏层出不穷，而曾任淳安知县的海瑞两次赴京朝觐仅仅用了 48 两路费银的例子确属凤毛麟角。

明清两代吏治废弛的腐败现象非常严重，那些皇权统治者和有识之士对于官吏腐败严重妨碍国家行政事务、败坏社会风气的社会弊端认识得非常深刻。清朝康熙、雍正、乾隆、道光等几位帝王都批评过当时的吏治情形。著名学者章学诚称衙门书吏“人多庸猥，例罕完善，甚至挟私诬罔，贿赂行文”[①]，鲁一同则对“催科问胥吏，刑狱问胥吏，盗贼问胥吏，今且仓盐驿递皆问胥吏”[②]的怪异现象大加抨击。乾隆四年，江南道试监察御史王柯为严禁书吏拟批夹签等弊事所上奏折中，曾对清代书吏大肆舞文为害的情况进行过归纳总结，认为他们“或假借律例，以文为奸；或暗藏字样，以施其巧；或强词夺理，使本官必从其请，而因以行其私；或故作疑窦，使本官画反其词，而适以中其计；更或明知无济，而借此作威作福，使人不能不畏，乃可以遂其撞骗之谋”[③]。因此，明清两代针对部院衙门营私舞弊的现象而开展的清理整肃工作从未停止。

据《明史》卷七三《职官志二》记载：“十三道监察御史，主察纠内外百司之官邪，或露章面劾，或封章奏劾”，其主要职责是监察中央

① 〔清〕章学诚《文史通义》卷六《州县请立志科议》，上海：上海书店1988年版。

② 〔清〕鲁一同《通甫类稿》卷一，转引自杨国强：《捐纳、保举与晚清的吏治失范》，《社会科学》2009年第5期。

③ 转引自哈恩忠：《乾隆年间整饬书吏史料》（上），《历史档案》2000年第2期。

的中下层官吏和地方官吏，“在内两京刷卷”[1]，巡视对象包括京营、光禄、仓场、内库、皇城、五城等，“在外巡按”，其中常设人员是北直隶 2 人、南直隶 3 人、宣大 1 人、辽东 1 人、甘肃 1 人、十三省各 1 人。至于那些代天子巡狩的巡按们，“所按藩服大臣、府州县官诸考察，举劾尤专，大事奏裁，小事立断”，特别是在“存恤孤老，巡视仓库，查算钱粮，勉励学校，表扬善类，翦除豪蠹，以正风俗，振纲纪”等方面用力颇深。[2]

康熙皇帝对于贪官蠹吏的社会危害深有感触，对于地方腐败的严重程度十分痛心，因此极力倡导厉行惩贪和大力奖廉，提拔擢用了一批清官廉吏，希望通过“树立典型”的方式来扭转日益颓靡的官场风气，清代整顿吏治的情况亦可以窥见一斑。

吕坤在官场摸爬滚打了二十多年，对明代官场的腐败现象有着清醒的认识。他试图从最基层的乡约组织工作作风整顿入手，提出“若系概约公报，则写某州县某字约，约正某人等同封，不许用细纸，以生科派之端”的观点，可见其为官谨慎，堪称明清官吏中的一股清流。

三是维护乡约规矩须公正对待约中各色人等。一方面，不能纵容大家贵族子弟破坏乡约规矩。作者认为，“乡约之中，不怕豪强棍恶，只怕浮薄少年”，因为那些浮薄少年大多出身于大家贵族，依仗着其家族门第的雄厚实力而心高气傲，不可一世，言语轻佻，尖酸刻薄，“无恂恂乡党之谦，怀卑卑贫贱之意”，甚至“甲中不敢举过，约中不敢纪恶”，让不让他们加入约编都不合适。这是为什么呢？究其原因，在于这浮薄子弟平日不是“造言捏事”，就是“构怨生仇”，常常把一件小事情闹得不可开交，不好收场。遇到那些明白事理的家长，尚且能够“当思共守圣谕科条，替伊教诲子弟，不护短，不尤人”，教育自己家的子弟谨

① 〔清〕张廷玉等：《明史》卷七三，北京：中华书局1974年版。

② 〔清〕张廷玉等：《明史》卷七三，北京：中华书局1974年版。

守本分；遇到那些不明白事理的家长，往往唯恐天下不乱，“或到约中发怒，令长少难堪，或向州县递呈，托守令处置”[①]，而那些庸懦无能的官吏哪能分得清楚青红皂白呢？至于约中那些普通的平民百姓，一般情况下谁会愿意与富豪权贵之家的子弟斗气呢，最终不过是忍气吞声自认倒霉罢了。从此以后，一个约中的社会风气慢慢就变坏了。日积月累，其他各约中的风气也会随之变坏。因此，以后一定要严格约束那群浮薄的少年儿郎，既要让他们务必“低心下气，一遵条款格叶，不许分毫傲慢”，又要让“掌印官时时另行体察，但又扰混一约不成者，另申本院施行”[②]。也就是说让地方官吏切实负起监督责任，如果他们还存在扰乱地方治安的行为，就要向上一级的都察院长官提起申诉并加以管教，如果地方官吏胆敢徇私舞弊诬蔑善良，伤害了民众的朴素感情，一旦上级经过调查知道真相，就会以“软弱而不振作，做事没有主见”为由加重处罚。另一方面，不许作践乡约中身份低贱之人。约中规定：“约中除乐户、家奴，及佣工、佃户，各属房主、地主挨查管束，不许收入乡甲外，其余不分匠作、裁缝、厨役、皂隶、快手、门禁、马夫，但系本县老户人家，或客商经年久住，情愿入约者，俱许编入乡甲，以乡党辈数齿序，不许作践。”[③]从这段文字的内容，可以看出吕坤不以身份、地位、贫富、贵贱等外在因素区别对待百姓的公正意识，以及吕坤治理下当地乡约组织中相对宽松的氛围。

四是各州县官吏在管理乡约时以惩恶扬善为指归。吕坤命令各州县做了十面长二尺、宽八寸的竖牌子，并按照内容在竖牌上分类撰写上不同的文字后，再将竖牌钉在对应家庭的左侧门口上。比如：“凡不养父

---

① 〔明〕吕坤：《实政录》卷五，北京：中华书局2008年版。

② 〔明〕吕坤：《实政录》卷五，北京：中华书局2008年版。

③ 〔明〕吕坤：《实政录》卷五，北京：中华书局2008年版。

母，时常忤逆者”，则在其家门口挂上“不孝某人”的牌匾；那些“骨肉无恩，尊长无礼，夫妻无情，父子生分”者，则在其家门口挂上“不义某人”；那些“偷鸡摸狗，拔树掐谷，系本县老户人民者”，则在其家门口挂上“做贼某人”；那些“赌博开场等众”，则在其家门口挂上“赌博某人”；那些“游手好闲”之辈，则在其家门口挂上“光棍某人”；那些“生事殴人”者，则在其家门口挂上“凶徒某人”；那些“诡隐地粮，教唆词讼，阴险害人，贪婪利己”之辈，则在其家门口挂上“奸民某人”；那些“口无实言，行无实事，搬弄是非，妄传诬告”之辈，则在其家门口挂上“诈伪某人”；那些“诓骗财物，勾引妇人，及一切干事不顾行止体面，人所共恶者”，则在其家门口挂上“无耻某人”；那些“淫荡破家”之辈，则在其家门口挂上“败子某人”。由乡约管理者出面，分别将这些写有犯错类型及人名的竖牌钉在其大门口左边的墙壁上，每次召集全约大会时令其跪在那里听候训教，通街之人也不与他们相往来。世间之人只要不是那些厚颜无耻之人，大都有一些羞耻之心，所以乡约之规定基本上还是以“惩前毖后，治病救人”为目的。等到“两院访拿，即将此人举报”，直到这些人能够充分认识到自己的错误及造成的严重后果，内心十分后悔，愿意痛改前非，才由“本约连名出连坐甘结，保其省改者，方许去其门牌”[①]。而对于“乡约有犯”之人，“除徒流以上，自有应得罪名外，其余纪恶呈报访知等事，不系告发者，只是朴责，重者枷号，不许问罪”[②]。

五是各州县官吏管理乡约事务有严格的分类记录查考制度。按照相关的制度规定，各乡约都设置有“纪善”“纪恶”“纪和”“纪改”四种记录簿，以备有司随时调查核对，使得“善有可赏”“恶有当惩”。

---

① 〔明〕吕坤：《实政录》卷五，北京：中华书局2008年版。

② 〔明〕吕坤：《实政录》卷五，北京：中华书局2008年版。

其具体规定和执行办法如下："假如一百二十约每日照依约号次序，初一日某字号等四约讲史送簿来看，掌印官细查，善有可赏者，批奖三二句；恶有当惩者，批戒三二句。其和处不当者，即与更正。罪恶大而和不足以尽法，贫者拘来责治，不贫者罚谷，多不过五石，少不下一石，注于簿上，责令甲长催完。下次查簿，即于罚谷项下注某月日纳讫。其谷即贮本会殷实之家，以备本约社师束脩及孤老残疾赈济，或本约不得已公用。俱约正呈知掌印官，方准动支，不许有司将谷入仓，违者以科罚坐罪。其批查约簿，俱以红笔，大约每日查数本，一月查一周。其大善大恶，登记州县善、恶、和、改簿上，以备申呈上司，大加奖赏，拿问施行。"①这种分类记录以备查考的管理制度，程序清晰，逻辑严密，善恶有度，赏罚分明，某些罚谷所得来之于民，又用之于民，其用于"本约社师束脩及孤老残疾赈济"或"本约不得已公用"两大方面，体现出明确的治政思路和正面的道德引导，可谓一举两得，颇有"治大国若烹小鲜"的味道。

六是各乡约设立有固定的请假和放假制度。其中关于讲约日有事请假的规定是："凡讲约之日，遇大雨雪，改于次日。不向甲长给假而不到者，纪过一次，无假三次不到，约者禀官。"②而关于夏秋两季放假的规定是："麦忙放通假两会，秋忙放通假两会。其间或疾病，或家中疾病，或公事，或忙事，或远行给单假者，俱许准理。其疾病及远行之人，过三假后，再给不许。每会点卯不到，罚谷致误穷汉生理，违者罪坐正副讲史。"③吕坤制定的农忙放假制度，与他一贯倡导的"养道，民生先务、有司首政也"这一民本思想一脉相承，更具实际操作性，同

① 〔明〕吕坤：《实政录》卷五，北京：中华书局2008年版。

② 〔明〕吕坤：《实政录》卷五，北京：中华书局2008年版。

③ 〔明〕吕坤：《实政录》卷五，北京：中华书局2008年版。

时又体现出浓浓的人情味儿。

保正副之推选标准及职责的情况说明。这两项内容也是乡约日常管理制度的重要组成部分，突出体现在第 19~20 则条款中。

吕坤制定的各类规章制度有一个共同的特点，就是从实际情况出发制定一个基本标准，再在此基础上酌情处理各种事务或应对特殊的情况变化。如他制定的保正副之推选标准和日常责任是："每约百家选保正一人，百五十家量加选保正副各一人。乡甲之内，属本县者，听其挨查出入。乡甲之外，属房主地主者，听其访问。但有为盗窝盗，听其举报到官。但有失盗，听其率领各甲救护。其甲中人等，除六十岁以上十八岁以下免其救护外，其余丁壮，十月后秋收已毕，三月前农工未动，各家所备枪刀弓箭短棍绳鞭等器，一百家或二百家内，共觅教士一人，令其习学武艺。一年觅一人，习一艺，不及五年，而各艺皆熟矣。又以本甲教本甲，不及五年而各人皆熟矣。"[①]

为了维护地方的社会治安，还规定了"一甲共置锣一面，保正副各置铳三杆，遇有盗贼打劫，甲中鸣锣，保中放铳，一拥救护，但于盗所生获或扎死强贼一名者，州县官花红鼓乐迎至公堂，银杯递酒三杯，当时赏银十两，仍给帖一张，免其本身差役"[②]等情况，对于特殊情况下可能会出现的突发状况一一加以分析，并给出具体的执行措施和相应的奖励标准，可以最大限度地激发百姓参与约中公共事务的积极性和执行力。而担任保正副之人，"须选家道殷实、力量强壮、行止服人者为之"，如果遇到被人侵占的情况，"即令其子男弟侄为之，不许掌印官听嘱徇情，巡捕官受贿卖放，却为无德贫棍顶充"[③]，原因在于盗贼绝对不会

---

① 〔明〕吕坤：《实政录》卷五，北京：中华书局2008年版。

② 〔明〕吕坤：《实政录》卷五，北京：中华书局2008年版。

③ 〔明〕吕坤：《实政录》卷五，北京：中华书局2008年版。

去贫寒之家打家劫舍，可是普通保正又怎能指挥得动那些舞枪弄棒之人呢？凭借保甲之法来统领数百人之众，无异于代替那些富豪权势之家看守万贯家财，又怎么能辜负他们的重托，一边推脱自己的责任，一边奢望能苟且偷安，期望能够免于惩戒呢？这条法规虽然制定在案，但是地方官吏一定不会按章执行，一旦遇到地方上发生意外事故，导致盗贼得以脱逃的严重后果，当地掌印官和巡捕官的履历表中就会出现考核为劣等的记录。

施行乡甲约的利弊得失。第 21 则条款既有作者对于乡甲约利弊的概括总结，又表达出对下级同僚的勉励希望。该条规定内容为："乡甲之约，良民分理于下，有司总理于上。提纲挈领，政教易行；日考月稽，奸弊自革。若掌印官视为虚文，如醉如梦，则约正副以为奇货，通贿通情，是良法反为弊政。乡约保甲果弊政乎？何不将《周官》法度一读也。故得千良民不如得一贤守令。"[①]

吕坤认为，乡约保甲制度在扭转明代政坛风气和社会风气方面具有积极的作用，既能"提纲挈领，政教易行"，又能"日考月稽，奸弊自革"，但再好的法律法规如果不能得到有效的执行，不仅不能最大限度地发挥其积极作用，反而会处处受到掣肘，甚至会产生弊政之嫌疑。因此，吕坤在随后的文字中大发感慨："呜呼！吾辈读圣贤书，受民社寄，终日抗尘走俗，身教既不倡先，言教又不修举，上负朝廷，下惭士庶，子夜深思，宁不汗背？"[②]作为一位有着治国安邦良好愿望的封建士大夫，吕坤虽然无法跳出三界之外，但一直坚持尽自己的微薄之力去改变身边的社会环境，改变身边人的思维倾向，倡导身教与言教并重，理论与实践并重，庙堂与民生并重。如果这些都无法做到，就是辜负了朝廷的期

① 〔明〕吕坤：《实政录》卷五，北京：中华书局2008年版。

② 〔明〕吕坤：《实政录》卷五，北京：中华书局2008年版。

望和百姓的期待，那么在午夜梦回之时，会不会惊吓出一身冷汗呢？所以吕坤在文章末尾谦虚地说：“本院自愧庸劣，愿与诸君子共勉之。”

七是处断乡约事务有可供遵循的章程。比如“乡甲会图”条采取图文配合的形式，对处断乡约事务加以解释说明。其前面的文字是这样的：

> 凡处断本约事情，将和事牌移置圣谕前，约正副先在牌前焚香，誓曰：“处事不公，身家被祸。”叩四头起。干证同有事人向牌前誓曰：“举事不公，身家被祸。”从公实说，讫，叩四头起。约正副问有事人明白心服，斟酌王法天理人情，与讲史商量处断。断讫，约史向牌前誓曰：“纪事不公，身家被祸。”叩四头起。即纪其事于和簿、恶簿。有不服者，听其告官，约中具由以备查。取其举善纪善人等俱一体誓神，以压嫉妒之口。[①]

文后附有简洁明了的“乡甲会图”：主事台是最里面一张桌子，桌面正中间立有“圣谕”牌，牌上正面从右至左写有六句话，依次是“孝顺父母，尊敬长上，和睦乡里，教训子孙，各安生理，毋作非为”；“圣谕”左前方竖一“和事”牌，上书“天地神明纪纲法度”八个大字，当为乡约决断事务所依据的准绳；约正位和约副位分别位于桌子的右侧和左侧。紧邻主事台的第二张桌子，里侧左右两侧分别是约史位和约讲位，桌面上放有四本记录簿，从右至左依次是“善簿、和簿、改簿、恶簿”，桌子外侧正中间是“甲长白事跪位”，再往外一排从右至左依次是“善人、恶人、四邻和事人跪”的地方，两侧则是其他约众就坐或站立的位置，从中间向两边的排列顺序分别是第一班、第二班、第三班。[②]图后还列有详细的“圣谕格叶”和“填格叶法”，内容涵盖籍贯、住址、约甲身份、户口、父母子孙、家产、田产、职业等方面，比较详细地记录了每

① 〔明〕吕坤：《实政录》卷五，北京：中华书局2008年版。

② 〔明〕吕坤：《实政录》卷五，北京：中华书局2008年版。

户人家的户籍资料。其中“填格叶法”前半部分是对相关人员家庭情况常规填写的总体说明，后半部分是对其人涉事情况的详细说明。现将前六格的填写要求照录如下，以直观地展示填写格叶的具体做法。文曰：

> 第一格填某县某字约第几甲，系约正、副、讲、史，则填约正、约副、约讲、约史。系甲长，则填甲长。系甲众，则填甲众某人。系军、民、匠、灶籍，或上上，或中中，或下下户。
>
> 第二格父在母不在，母下填一“不”字；母在父不在，父下填一“不”字。俱在，父母下填一“俱”字；俱不在，父母下写一“不”字。
>
> 第四格填子某人某人，孙某人某人。或时常教训，或通不教训。
>
> 第五格填地几顷几十几亩，一限完填“一”字，二限完填“二”字，三四限俱同。
>
> 第六格填庄农生理，或卖酒生理，或佣工生理，各照生理填写。
>
> 以上俱于领格叶之日，约讲史审明填写，其钱粮四限，完一限填一限。[①]

而这段文字末尾对第十八格的说明，称“第十八格被告三款，照次数填，填毕，至十二月二十日以后，约正将格叶册单钉送掌印官处查遵违。全遵无违者，纪大善一次。全违无遵者，纪大恶一次，仍行责治。半违半遵者，量轻重酌处。仍将旧格叶收库，照数发新格叶于各约。其格叶一年一发，乡约三年一发，纸张工墨之费许于正项公用钱粮开销。若正副讲史甲长填格叶不公不实者，访出各重责枷号。其约史甲长格叶，四

① 〔明〕吕坤：《实政录》卷五，北京：中华书局2008年版。

邻报填。正副讲格叶，十甲长报填。俱不许扶同妄报一字”[①]，实则是对格叶填写程式和填写格叶之人的相关要求。这些细致入微的填写条款，只要是粗通文墨的人都能照章执行，非常有利于乡规民约的普及和执行，充分体现出吕坤做事用心之良苦、思虑之周全，与他日常所主张的利用百姓喜闻乐见的形式宣扬道德教化相吻合，所以他对于能将“一切有关风化者，作为鼓板平话弹唱说书，半说半唱，极浅极俗，不用一字文言，妇人童子都省，又亲切痛快，感动民心，使人点头赞叹，流泪悲伤者”，对于那些“如有老师宿儒，词人诗客，能将近日时兴腔调翻成劝世良言”的行为[②]，都给予不同形式的奖励和优待。

三、扶危济困惠百姓

吕坤一直主张要不断完善社会保障制度和社会抚恤制度，由官府出面指导农事活动，在所辖地区筹建养济院、冬生院、会仓等社会组织，鼓励乡约内部互相帮助，特别要在衣食住行等方面给那些陷于困境的人们提供及时的帮助。

粮食问题是事关民生的重大命题，也是千百年来老百姓最关心的沉重话题。吕坤《民务》卷二《小民生计》中收录有不少事关民生的条目，其中一则与农事活动密切相关的条文是：

> 每禾各有相宜之地，各有相宜之时，如木棉不宜淤，麰麦不宜沙，绿豆不宜晚，荞麦不宜早，及桃李桑枣各有喜忌之类，王氏《农书》其说甚精。唐虞敬授人时，夏禹则壤土宜，盖后世教道之书甚多，而养民之法甚少。有牧民之责者，类收古今

---

① 〔明〕吕坤：《实政录》卷五，北京：中华书局2008年版。

② 〔明〕吕坤：《实政录》卷二，北京：中华书局2008年版。

农书，择其明白简易者，选为简便书册，家喻户晓。本院有志而未竟业，同志者究心，幸勿曰小人之事小人自知之。[①]

这段文字旨在说明不同的农作物有其自身的生长规律，元代东平人王祯所著的《农书》对农作物的种植、收贮、栽培以及传统农具、器具、织具的使用和制作等方面介绍得比较详尽生动，但老百姓在农事生产方面的经验大多来自于祖祖辈辈的言传身教，很少得到地方官府或乡约组织的系统指导。因此，吕坤告诫那些有识之士不要认为农事是“小人之事小人自知之”，建议由地方政府出面搜集整理古往今来的各种农书，从中选择那些通俗易懂的农书刊行于世，并通过各种形式加以传播，使老百姓能够家喻户晓，从而最大限度地为老百姓办实事、办好事、办难事。

此文后面还附录有《山东劝栽种语》，极力鼓励老百姓栽种树木，称“至于古路官道、荒山老堤，有能愿栽成活者，立碑县门，自万历十五年以后，栽种树木者，永远百姓为业，任意砍伐，不许有司拦挡”[②]。同时还要求乡约组织管理者善待和帮助佣佃之人，“梁宋间，百亩之田不亲力作，必有佣佃。佣佃者，主家之手足也。夜警资为救护，兴修赖其筋力，杂忙赖其使令。若不存恤，何以安生？近见佃户缺食，便向主家称贷，轻则加三，重则加五，谷花始收，当场扣取，勤动一年，依然冻馁。有仁心者，肯如是乎？今后佃户缺食，主家放给，亦照官仓加二，如有平借平还者，乡约纪善，以凭优处，有司合行通示”[③]，并给予那些表现突出者以表彰或奖励，最大限度地激发乡约组织内部相互扶持、相互帮助的动力，让众人行善积德没有后顾之忧。

同书同卷《积贮仓谷》一文，直言“宇内之重，无重于民生矣；王

① 〔明〕吕坤：《实政录》卷二《民务》，北京：中华书局2008年版。

② 〔明〕吕坤：《实政录》卷二《民务》，北京：中华书局2008年版。

③ 〔明〕吕坤：《实政录》卷二《民务》，北京：中华书局2008年版。

政之急，无急于积贮矣”，如果“掌印官视为末务，或积而不视，遂至红陈；或放而不收，卒成耗散。此有司第一大罪过，所当首斥者也”[①]，同时制定了详细的仓屋选择标准、要求禁忌、积贮方法、对应策略、奖励机制等，强调“其仓属之民社，与州县原不相干，有司但查积多者奖赏，不积者督责，如此则家家有救命之资，人人有备荒之策”[②]。

《收放仓谷》一文针对每年青黄不接百姓生活艰难之时的实际情况以及赈灾救灾的通常状况，出台了一系列的应对措施，严格规定“二、三、四、五月，此正青黄不接之时，五谷俱贵之日，但借粜太早不能接新，借粜太晚民困已久。大率不出三四月，每当此时，行粜赊一次，存留底簿原票以备查验，但有借赊而难还者，除严追外，再次不准借赊”等条款[③]，并总结出简明扼要的“放赈十禁”，即“一禁衙役请支，二禁通学借支，三禁里老总支，四禁不贫冒支，五禁久待迟支，六禁欠家夺支，七禁斗级弊支，八禁不明乱支，九禁收不查支，十禁不还又支”[④]，从贫民、难民、灾民的切身利益出发制定具体可行的规则，以求最大效率地利用仓谷资源，提前谋划好凶年饥岁的应急防范工作，从另一个侧面反映出吕坤在扶困救急等民生问题方面的长远眼光。

如何管理好鳏寡孤独等特殊人群，也是吕坤经常考虑的问题。《礼记》中有句温暖人心的名言，即“大道之行也，天下为公，选贤与能，讲信修睦。故人不独亲其亲，不独子其子，使老有所终，壮有所用，幼有所长，鳏、寡、孤、独、废疾者皆有所养，男有分，女有归”，描绘出古人眼中理想的大同社会标准。

《孟子·梁惠王下》中亦有相关的描述，认为鳏、寡、孤、独四种

---

① 〔明〕吕坤：《实政录》卷二《民务》，北京：中华书局2008年版。

② 〔明〕吕坤：《实政录》卷二《民务》，北京：中华书局2008年版。

③ 〔明〕吕坤：《实政录》卷二《民务》，北京：中华书局2008年版。

④ 〔明〕吕坤：《实政录》卷二《民务》，北京：中华书局2008年版。

人是“天下之穷民而无告者”，应该得到社会各界无微不至的关怀和照顾。吕坤也十分同情那些鳏寡孤独之人，对前圣先贤的相关言论和明代律法的相关规定都十分熟悉，指出既要官府按照律法规定去严格执行，“凡鳏寡孤独及笃废之人，贫穷无亲属依倚，不能自存，所在官司应收养而不收养者，杖六十”，又要想法设法把那些鳏寡孤独之类的可怜人收入养济院善加关照，灵活对待。他认为，“笃废之人，手足单损，眼目双亡，又加之以鳏寡孤独，做活则手眼伤残，乞食则坑堑倾跌，此非无告中之尤无告者乎”。但若将这些人尽数收养，“一人岁费米布可得银三两”，财政上多了笔难以负担的开支；若将这些人弃而不收，则“为民父母如罔听闻，法且不言，情将安忍？”[①]左右为难之际，吕坤想出了“存恤茕独”的良策，建议乡约组织多帮助那些社会上特别困难的百姓。

一是设立养济院。吕坤指出，“瞽目残肢之人，但系本县及自幼失迷乡贯者，一面行各约，一面行里老十排尽数查出，六十以上无妻子兄弟，十二岁以下无父母兄弟者，径收养济院。其五十以下十三以上，尽数收入寺庙，教习生艺”，若敢为图谋利益而违犯规定，则“拿其兄弟子姓重究”[②]。

二是设立冬生院。吕坤主张在“关厢处所，修盖环房五间或二十间，坯墙瓦盖，前面垒墙，中留大门，上题‘冬生院’三字”[③]，并将其内部所修的院落规制、火炕尺寸、草苫厚薄、被褥材质和尺寸等内容一一开列出来，明确“每年十月初一日起，至三月初一日止，凡本处或迷乡六十以下、五十以上无目残疾之人，不必给谷，皆令止宿其中。男在一处，女在一处，每十人用一有目孤寡之人料理众瞽”[④]，“棉袄用极粗

① 〔明〕吕坤：《实政录》卷二《民务》，北京：中华书局2008年版。

② 〔明〕吕坤：《实政录》卷二《民务》，北京：中华书局2008年版。

③ 〔明〕吕坤：《实政录》卷二《民务》，北京：中华书局2008年版。

④ 〔明〕吕坤：《实政录》卷二《民务》，北京：中华书局2008年版。

绵布染以浅蓝，每件表里二丈五尺，净绵二斤，每件可费三钱五分，冬生所养，料无百人，二年一给，每年所费不及银二十两”[①]，并且设置有固定的开放之日，平时不允许闲杂人等在内逗留玩耍，如有违反者可“报官重责，枷号院前”，而踏实肯干的老人伙夫还可以等到“事完纪善，另行奖赏”，还特别说明“若富家阴德能如此行，有司申报本院优旌，年久善多者冠带乡饮”[②]等，体现出明显的扬善惩恶倾向。

为了避免制度执行过程中出现的种种弊端，吕坤还针对如何收养孤老拟定了“审收十条”和“存恤十条”，条分缕析，推恩及人，对于能够收入养济院或冬生院的人选情况进行了详细说明。

此外，吕坤还非常反对地主豪绅对贫苦百姓的残酷压榨和剥削。他在规定中明确表示：“放债只许一年三分起利，过三年者本利倍还。不还者法当告理。若一年加倍起利，及虽过三年而折准田宅人口，强拿欠主采打苦拷者，以势豪论。本约同名禀官究治，重者申解本院。”[③]“律分良贱，所以重乡邻之体也。以后富势家奴凌践贫穷老户，争坐、争行、平打、平骂者，许约中连名禀官，重责枷号，仍将家主纪恶。”[④]但作者又说，“人非尧、舜，谁能无过？不怕有过，只怕不改过”，所以“凡我百姓，各务洗心涤虑，但不杀人放火强奸断路，其余都许改过”，体现出有错必纠、有过必改、悔过自新仍是好人的儒家观念。

四、为政实干留青名

明成化年间，国子监祭酒丘濬向朝廷进呈的《大学衍义补》一书，

---

① 〔明〕吕坤：《实政录》卷二《民务》，北京：中华书局2008年版。

② 〔明〕吕坤：《实政录》卷二《民务》，北京：中华书局2008年版。

③ 〔明〕吕坤：《实政录》卷五《乡甲约》，北京：中华书局2008年版。

④ 〔明〕吕坤：《实政录》卷五《乡甲约》，北京：中华书局2008年版。

是明代中叶的经世学术与实际事功的转向。

吕坤强调为官治政要讲究实干，力争做到为官一任、造福一方。明成化年间国子监祭酒丘濬向朝廷进呈的《大学衍义补》一书，体现出作者对国家事务的整体性思考和可行性建议，是明代中叶“经世致用与实际事功的转向”的代表性著作，堪称明代君臣治国理政的参考书。吕坤的《实政录》在一定程度上也受到丘濬《大学衍义补》经世思想的影响，同样反映出他对国家命运的关注与思考，但与丘濬关注的重点各有侧重。如果说丘濬更偏重于国家制度层面的建设，那么吕坤则强调因地制宜地处理地方政务和民生事务，二者既具有前后承继的特点，又能互为表里、互相补充。清代学者李颙对吕坤《实政录》评价甚高，认为“经济书，《大学衍义》而外，莫切于吕氏《实政录》，言言痛切，字字吃紧，读之令人跃然击节”，把此书看成接续真德秀《大学衍义》和丘濬《大学衍义补》的实用经济书，并建议朝廷“请照康熙十二年颁赐《大学衍义》于各省大臣例，以《实政录》通饬天下督、抚、藩、臬、道、府、州、县各衙门，俾各仿此修职业，勤政务，以图实效”①。《实政录》卷六“风宪约”就集中体现出吕坤因注重实干而在政坛留下美名的具体实践。

“风宪约”内容系吕坤任山西等处提刑按察司按察使时所撰，旨在“申明职掌以肃吏治，以奠民生事”。他把“顾民生之未奠”的提刑之事概括为六种情况，即“追呼苦于太滥，问断苦于太淹，拟罪苦于太密，追赎苦于太刻，拘禁苦于太易，隶卒苦于太纵”②；又把“吏治之不肃”的按察之事也概括为六种情况，即“虚文日盛而实政亡，厚道日隆而公法废，人事日精而民务疏，颓靡日甚而振举难，懵昧常多而精明少，为

① 〔清〕李颙：《二曲集》卷一七《答许学宪》，收入《李颙集》，西安：西北大学出版社2015年版。

② 〔明〕吕坤：《实政录》卷六《风宪约》，北京：中华书局2008年版。

家念重而为国轻”[①]，在防止庸官懒政、预防吏治腐败方面做出了自己的判断，给出了自己的合理化建议。

具体来说，“提刑事宜”条共收录53则条款，其中包括“人命”（12款）、“盗情”（11款）、“奸情”（4款）、“监禁”（10款）、“听讼”（12款）、“用刑”（4款）；“状式”条共收录27则条款，分别是“人命告辜式”“人命告检式”“告盗情状式”“告辩盗状式”“告奸情状式”“告打诈状式”“告地土状式”“告婚姻状式”“告赌博状式”“告凌夺状式”“告保盗状式”“告贪污状式”“告故勘状式”“告科敛状式”“告侵欺状式”“告卖军状式”“告飞军状式”“告包揽状式”“告窝访状式”“告土豪状式”“告财产状式”“告钱债状式”“告欺害状式”“告唆诬状式”“告诡隐状式”“告抗粮状式”“告重收状式”[②]等，旨在揭示“除乡约保甲公报外，其余俱不许准行”的各种揭帖粘单的侵扰，以彰显朝廷体悉人情至意的心态。

“审失单式”条主要讲如何把失主被盗的东西按照一定的格式一一记录在案，以便备照搜赃；“按察事宜”条共收录20则条款，其中“按察十吏”列举了“上负朝廷，下殃黎庶，友邦之贤者莫不共以为非”的十种官吏之情状；“宪纲十要”则重在阐释“宪纲者，法宪之纪纲，所以课吏治以安民生者也”的重要意义，并说明如果舍弃乡甲之法，将会招致“虽圣人无弭盗之术矣”的严重后果，得出“物不在多，惟其诚；礼不在文，惟至爱”的结论；“报政实单”条则是“为严署考之法以验长吏淑慝事”而设置，盼望“士君子怀为国为民之心，居得行得止之位”，所以要善于把握“良法善政加于庶民”的机会。

卷七：“狱政”。此文是作者“为慎刑狱以广德意事”而作，宣扬“居

① 〔明〕吕坤：《实政录》卷六《风宪约》，北京：中华书局2008年版。

② 〔明〕吕坤：《实政录》卷六《风宪约》，北京：中华书局2008年版。

官所慎，民命为先。民命所关，狱情为重”的道理，指出“明慎矜恤，皆圣主德直，而吾辈推广之”的相关情况[①]，并对监犯、仓犯、驿犯等相关小条目进行分析解释，说明不严格遵守乡约保甲的后果。

卷八：“安民实务”条。此文写于万历壬辰年八月十五，主旨在于“为振刷边务以固疆防事”，强调“务求济事，匪托空言”，并从“养将才”“募勇略”“简军实”“造战具”“演武艺”“倡勇敢”“体下情”“骂马政”“密间谍”“慎修筑”“教军士”“计兵费”等方面入手进行分析比较，也体现出吕坤的民本思想。

卷九：“督抚约”。此文旨在分析“为慎保聚以全生命事”，强调“守城全赖居民，居民全赖兵食，须先料民料兵料食”[②]，以备不时之需。

吕坤为政有方，讲求实效，主张治理地方既要做实干家，又要有施政纲领，二者要有机结合。无论是辗转为官，还是归隐在家，他都不愿做一个三缄其口的好好先生，而是满怀豪情，屡次上书，直陈国之大事，坦言民之安危，表现出忧国忧民、为民请命的儒家情怀。他在《与巡抚梁景泉》中这样写道：

> 福藩之初请地，虽有严旨再三，而中外不肯将顺，非抗也，为天下国家计至深远也。当时河南若为虑终谨始之图，防有加无已之渐，不宜极力括地，甚者算及学田，合下便作尽头著，至今遂成不可长之势。上之责求无厌，下之奉行愈亟，如鹿邑尽报厂地，不论荒熟，不留分毫。今又换民膏腴，犹恐谴怒本府，又欲九属括库藏买民田以补给之。不知皇粮加于何处，天长日久，民害何堪？
>
> 夫山东、湖广皆王土也，每每执奏，不肯苦民，皇上未见

① 〔明〕吕坤：《实政录》卷六《狱政》，北京：中华书局2008年版。

② 〔明〕吕坤：《实政录》卷九《督抚约》，北京：中华书局2008年版。

武怒。惟河南报地三倍于两省而责求愈严，则始事者奉行之过也。且中州物力，台札闵念殷切，令人堕泪。……盖圣主虽不割父子之爱，未尝不知臣民之难。势已至此，惟有以情理启王，以税粮请上。盖屡旨，未尝有一字夺民田产。即夺民所买之田，已自不堪，又使皇粮与王税重纳，则民岂甘心就死乎？

老公祖为国爱民一念可格神明，不肖愚见，惟有委曲陈情，再三执奏。夫难嚼者必吐，易与者无厌，人情大抵然也。上折无果之枝，必至拔树；下淘沙土之井，必至溺身。极力回天，是为中州造万年无疆之福也。①

吕坤主张将实践与理论并重，强调把“谈者”与“任者”结合，其观点相对而言比较客观中肯。他在《谢总河曹嗣山》中的观点就体现出这一鲜明主张：“盖天下之事，谈者与任者不同。谈者以口，任者以身；谈者身在事外，任者身在事中；谈者祸福不及，任者利害与共。乃谈者恣其哓哓之口，加任者以无所事事之名。故可作可止，道旁之说易；而乱视乱听，当局之定难。鄙人以为两端在人，一画在独，内帑若发，则中路南股之说，不妨临事酌宜。庙堂无处，则徐观河势，与休养民力之言，似为目前急务。”②

吕坤任职山西期间，祖籍山西山阴的时任礼部尚书兼东阁大学士王家屏曾致书吕坤，以表祝贺升迁之意，吕、王二人多有书信往来。后来王家屏致仕归里，对吕坤巡抚山西期间的政绩评价颇高，称“吕公端介宽明，力行古道。吾乡雕敝已极，赖其节省拊绥，庶有来苏之望。未审其新政如何，历事多矣大抵锐意事功者戒于张急，详致条教者忌于烦琐。

① 〔明〕吕坤：《去伪斋集》卷五《与巡抚梁景泉》，北京：中华书局2008年版。

② 〔明〕吕坤：《去伪斋集》卷五《谢总河曹嗣山》，北京：中华书局2008年版。

简要二字，疑未理会及此，便中当自以意规之也”[①]，从侧面反映出吕坤的治政功绩及在官场、民间的风评。

① 〔明〕王家屏：《答王龙池方伯》，收入陈子龙等《明经世文编》卷三九三，中华书局影印本。

吕坤一生对家乡父老情深义重，自言“凡乡邦之事，得出言无不尽言，得出力无不尽力”[1]，回宁陵隐居之后更是竭尽所能，为推动宁陵经济社会的发展而奔走呼喊，为消除县城的安全隐患而出谋划策。他对宁陵的惓惓深情体现在社会生活中的方方面面，如为治理黄河水患而出谋划策，为预防贼寇侵扰而修城展城，为培养青年后进而著书讲学等。其中最为人称道者，当属为治理黄河水患而数次寄书总河侍郎等水利官员。

一、殚精竭虑防水患

宁陵地处古黄河南岸，历史上深受黄河水患的危害。从南宋建炎二年（1128）至清咸丰五年（1855）的七百多年间，黄河宁陵段先后决溢达18次之多。特别是在宋金对峙时期，黄河发生了多次决溢成灾的事件，其中既有人为的原因，又有客观的因素。

据史料记载，南宋建炎二年，东京留守杜充于李固渡以西（今属河南滑县）扒开黄河大堤以阻金兵南下后，黄河宁陵段从此改道夺泗入海，宁陵县境也因此饱受黄河水患的危害。金灭北宋（1127）后，黄河南岸也成为金国的领地，史书称“金始克宋，两河悉畀刘豫。豫亡，河遂尽入金境。数十年间，

---

① 〔明〕吕坤：《去伪斋集》卷七《展城或问》，北京：中华书局2008年版。

或决或塞，迁徙无定”[①]。金大定八年（1168）“河决李固渡，水溃曹州城，分流于单州境内”[②]和大定二十年（1180）黄河卫州段（今属河南卫辉）决口的两次严重事件，给宁陵等地造成了深重的灾难，有千年沿革的古宁陵县城也被迫迁徙。据《金史·地理志》“南京路·归德府·宁陵”条记载：“大定二十二年徙于汴河堤南古城。有汴水、睢水、涣水。”[③]而明洪武元年（1368）、洪武二十四年（1391）、正德四年（1509）、嘉靖二十二年（1543），宁陵先后四次遭遇黄河水患，嘉靖年间黄河决口时很多宁陵民居都被洪水淹没了。吕坤退隐乡里后，耳闻目睹家乡父老深受水患侵害的生存困境，于是多次给负责河道事务的官员寄书信，坦陈自己为家乡父老而担忧的殷殷深情。

吕坤《去伪斋集》卷四、卷五收录了60篇书启，其中论及河道事务者就有十多篇文章，如《与总河刘晋川》《与总河曹嗣山论河》《与陈肖平论河》《与廉访朱葆素请均河夫》等，多为减轻家乡百姓赋役而恳请时任总河侍郎或其他官员照拂。“总河”是明清时期总理河道的官名，始设于明成化七年（1471），因皇帝诏群臣廷议治河方略，“分漕河沛县以南、德州以北及山东为三道，各委曹郎及监司专理，且请简风力大臣总理其事”[④]，时任工部侍郎的王恕最早被任命为总河一职。万历二十六年（1598），因黄河单县段黄堌决口，刘东星被任命为工部左侍郎兼右佥都御史，负责总理河道与漕运。吕坤自万历二十五年四月称病乞归宁陵，对于“数年来行水诸公焦劳夙夜，惟陵、运为兢兢”的情况比较熟悉[⑤]，又应河南参政徐即登和右辖易登瀛等人之请，所以在这

① 〔元〕脱脱等：《金史》卷二七《河渠志》，北京：中华书局1975年版。

② 〔元〕脱脱等：《金史》卷二七《河渠志》，北京：中华书局1975年版。

③ 〔元〕脱脱等：《金史》卷二五《地理志中》，北京：中华书局1975年版。

④ 〔清〕张廷玉等：《明史》卷八五《河渠志三》，北京：中华书局1974年版。

⑤ 〔明〕吕坤：《去伪斋集》卷五《与陈肖平论河》，北京：中华书局2008年版。

一时期与刘东星及其继任者李化龙、曹时聘等人书信往来颇多。

吕坤在《与陈肖平论河》中指出，“今黄河北徙，万无陵忧；泇河流通，万无运忧”，如果只是一般情况下的黄河泛滥，民患易解。但自万历三十一年（1603）至万历三十二年（1604），因为朝廷“开王家口，疏李吉、坚城、六座楼等处，役者积骨于河壖，供者捶髓于穷阎，归德一郡，流亡不啻过半”，给整个归德府的百姓造成了十分深重的灾难。可是这些事情刚过去不久，吕坤又知悉“当事者岁前犹亟亟于苏家庄、朱旺口之决塞，强必不可挽之下流而驱之必不可成之高地”，打算强行把决堤的黄河水引向河南境内，使得当地百姓“残魂未附于羸骨，又迫之畚锸之役”。这就好比“取左臂疮痍而移之右臂，均之吾身痛楚，非万物一体之义也”，明知此役无济于事，又令广大百姓流离失所，情何以堪？吕坤认为，既然“泇河幸可济运，黄河不碍万艘”，还不如“听其自便，不与相争”，如果让河水顺其自然地流淌，“暂休以养民财，徐待以观定势，无惑道旁之口，无避后事之讥，实心为国为民，无遽大劳大费”，不也是很好的解决途径吗？所以他写信给“秉公而识卓”的山东官员陈肖平，恳请他“为万姓造福于当事者一寓书”[1]，将自己的请求呈递给时任总河的山西老乡刘晋川。吕坤情真意切的请求和合情合理的分析深深地打动了陈肖平，也如愿以偿地把自己的想法转达给刘晋川，并引起后者的注意，与之成为交往日深的挚友。

刘东星（1538—1601），字子明，号晋川，山西沁水人。隆庆二年进士及第，曾任兵科给事中、刑部主事、户部四川清吏司主事、工部左侍郎兼右佥都御史等职，仕途遍布四川、河南、陕西、浙江、山东、湖广等地，是当时著名的水利专家。刘东星在隆庆六年（1572）任卢氏县知县时，曾带领全县百姓抗洪抢险，并在实地调查研究的基础上，制定

① 〔明〕吕坤：《去伪斋集》卷四《与陈肖平论河》，北京：中华书局2008年版。

了周密严谨的洛河治理方案，当地百姓受益颇多。他与明末思想家李贽交往甚密，李贽曾于万历二十五年春天撰《寿刘晋川六十序》，刘东星则于次年秋天为李贽《藏书》撰序，并自称“赐进士出身吏部左侍郎前都察院左副都御史协理院事翰林院庶吉士”[①]。

万历二十六年（1598）秋天，刘东星以工部右侍郎兼右佥都御史总理河道，经过宁陵时曾先后两次过访辞官归隐在家的吕坤，二人就治河问题反复商讨。同年冬天，为商请免调归德府属各县修河民工之事，河南参政徐即登和右辖易登瀛请吕坤致函刘东星关说此事。吕坤曾写过《寄总河刘华石》《寄总河刘晋川》《与总河刘晋川》《谢总河刘晋川》等几封信函，均收录于《去伪斋集》，内容或事关治河派夫，或事关防倭御敌，或事关伦理教化，表现出一位封建士大夫“杞人不忧桑梓忧邦本，忧邦本正忧社稷耳”的儒家情怀。[②]

吕坤《寄总河刘华石》一文，首先引用俗谚“离娄借视于瞽，师旷借听于聋，圣人借智于三尺之童”中蕴含的道理[③]，表明自己愿意用自己的经验和智慧为刘总河献计献策的心愿；接着讲述蒙墙寺决口前后两年多时间发生的事情以及黄河决口对山东、河南等地造成的惨痛影响，并通过为家人看病的山东医生目睹之河决情状，询问“巡视河工之臣曾有月报旬报否”；最后，吕坤说明宁愿是自己杞人忧天，但因为“防河如御虏，如堤岸之完缺，水势之向背，沙淤之深浅，府判旬报道，道月报于翁台，伏秋之报无时，事关正大者，不妨玉趾一阅，嗣山、霖寰未尝不往来河上也”[④]，所以希望刘总河能够防患于未然，早做防御准备，这样才能让广大百姓更加安心。

---

① 〔明〕李贽：《藏书》卷首刘序，北京：中华书局1959年版。

② 〔明〕吕坤：《去伪斋集》卷五《与陈肖平论河》，北京：中华书局2008年版。

③ 〔明〕吕坤：《去伪斋集》卷四《寄总河刘华石》，北京：中华书局2008年版。

④ 〔明〕吕坤：《去伪斋集》卷四《寄总河刘华石》，北京：中华书局2008年版。

吕坤在《寄总河刘晋川》一文中，“不暇问寒暄而谆谆念此”，直接以“三陲未靖，吾辈肩头不啻万石重矣”切入话题，建言刘晋川在“倭寇之横，畿辅剥床”的严峻情况下，一方面要做到“知彼之所以胜则知我之所以制胜矣”，另一方面要趁着“田谷既登，郊居无事”之时，组织百姓开展生活生产自救，高筑城深挖池，坚固城防工事，使得敌寇“彼入无所虏而攻不可克，势必自困”，这样一来“先胜于壁垒，后胜于郊原，静待动，饱待饥，逸待劳，几非可乘，无庸战为也”[①]，可见其心忧百姓之疾苦，故而行动迅速。

而《与总河刘晋川》（旧题《河工书》，又题作《与总河部院刘公晋川书》）一文，虽只有短短四百多字，却体现出吕坤为民请命、据理力争之铮铮铁骨。该文共分作两层意思：

第一层意思旨在说明朝廷发文从归德抽派两万河工的决策有失公允。作者欲抑先扬，首先肯定刘总河“顷以漕中沙浅，派夫十万淘汰壅阏，以备明春转运之便”是有利于国家的大事，在国家大计面前所有的臣民都应当竭尽全力予以支持。接着，吕坤又专门陈说了归德府的实际情况，指出“归德小郡，滨于大河，灌田无赖于分毫，为沼每忧于旦夕”，说明黄河对于归德府百姓来说实际上是弊大于利，再加上连年的自然灾害，“去岁淫雨翻盆，民不堪命，今年旱魃赤地，粒无半收”[②]，本身都很值得人们同情，而且这些情况也已经上报给朝廷了。

但这一年八月间，却又有相关部院先后下发了三次公文，要求从归德府抽派两万民夫去充任河工，说是从山东和南直隶抽调的河工已经到工地上将近两个月了，而归德府却没有出动一人，打算弹劾负责此事的官吏。吕坤在褒扬刘总河“夙夜匪懈之忠”的同时，也承认了归德府官

---

① 〔明〕吕坤：《去伪斋集》卷四《寄总河刘晋川》，北京：中华书局2008年版。

② 〔明〕吕坤：《去伪斋集》卷五《与总河刘晋川》，北京：中华书局2008年版。

吏的“怠缓后时之罪”，同时说明自己在家乡只是听说上级要求派遣河工之事，却并不了解详细情况，接着询问朝廷拟抽调这两万民夫时，是否给他们发了官银作为辛苦钱，如果给他们发有饷银，那么完全可以就近招募民夫，而不必从归德府这么远的地方调取人员；如果没有打算给民夫发饷银，这件事又属于公家的任务，所谓“普天之下，莫非王土，率土之滨，莫非王臣”，大明的疆域如此辽阔，为什么惟独要求从河南抽调这么多民夫？为什么惟独要求从归德抽调这么多民夫呢？

第二层意思旨在请求刘总河综合考虑归德府的实际情况对相关人事从宽处理。吕坤自称不自量力，仗着自己与刘总河之间有“金兰契谊”，又怜悯家乡父老屡遭灾荒，流离失所，至亲骨肉，痛哭哀号，让人闻之潸然泪下，所以请求刘总河大发慈悲拯救睢阳百姓于苦难之中，使得九郡百姓都能享受到滋润心田的雨露，岂非又是一桩佳事？最后，吕坤建议朝廷尽量兼顾公平，“论沿河，则开、归两府俱属沿河，当照里分多寡，均派人夫；论河南，则彰、怀六府俱属河南，当照地亩肥瘠酌出工食，则苦乐同分而重轻易举矣”，并请求刘总河“哀其不护己之情，宽其不解事之罪”[①]，哪怕能体谅归德府的两个难处之一并给予关照，对于当地百姓来说都算是无与伦比的幸运了。

吕坤在宦海浮沉二十多年，深谙官场之道。他在给刘晋川写这封信时，并没有就事论事，而是把自己撰写的《谈性》一书同时送给刘晋川。而刘晋川收到这本书后“喜极若狂”，直呼吕坤“真我师也”，并自言当初在三楚大地宦游多年，也是为人敬仰、受人推服的师长，不想今日遇到吕坤，犹如小巫见大巫，只觉得“神气索然，尚敢倔强犹昔邪”。刘晋川在写给吕坤的回信中，极力称赞吕坤所提的“开、归出夫，六府供银之议，甚为有理”；接着解释无法按照吕坤提出的“照里分多寡，

---

① 〔明〕吕坤：《去伪斋集》卷五《与总河刘晋川》，北京：中华书局2008年版。

均派人夫”和“照地亩肥瘠，酌出工食”两种方法去做确有苦衷，一言难尽。恰在此时，从两部郎处获悉“修河余银尚足目下雇募之费”的好消息，当即就让两部郎速速给河宪送去信札，让他们“募沿河人之愿募者，如此，明年之运，尚可及瓜，归德之民，亦可少苏”。刘晋川不仅解决了吕坤提出的一大难题，而且向他解释说，“贵省取夫，原系借派，非得已耳”。信的最后，刘晋川还把自己撰写的《阅河管见》一书送给吕坤，请他“幸详批教我，毋过相贬驳，阻我欲为之志也”。[①]

吕坤收到刘晋川的回信后，又写了一封表示感谢的回信。信中称“书至，忐忑不敢发；既发，恍惚不敢信”，认为刘晋川对归德府百姓的恩泽之大，犹如“中山一饭，报以捐躯，况蠲不计费之金，活不可数之命，如此福德，恒河沙无尽藏矣”，以至于不敢相信自己所请求之事全部得到解决，甚至有“真邪？梦邪？”之感。

吕坤还由此回忆起当年在燕市金水河边帮助一位恸哭老妪的情景，并再次称颂刘晋川的仁义之举，把他比作“出九郡邑于水火之中，乃三千大千世界中，慈悲度厄，第一如来”。对于刘晋川所著《阅河管见》一书，吕坤也给予极高的评价，认为其书“可谓注百川于眼底，罗万派于胸中矣”，犹如得到了大禹治水的精髓，称赞其书中之精识展现出作者胸中之丘壑，绝非旁人所能品评。[②]

吕坤与刘晋川交情颇深，二人之间除了商讨治河事宜之外，还会讨论一些关于理学教化思想方面的问题。如《与总河刘晋川论道脉图》一文就针对刘晋川所提出的“中无定体”“形上形下”“抱独守一”“统宗会元，一亦无著”“毋使我沦于异端而不觉，有明师友而莫知适从”

① 〔明〕吕坤：《去伪斋集》卷五《与总河刘晋川》附录《总河刘公复书》，北京：中华书局2008年版。

② 〔明〕吕坤：《去伪斋集》卷五《谢总河刘晋川》，北京：中华书局2008年版。

等言论，详细分析阐明了自己的理学观念，认为“尽心便是致知，知性便是格物”，至于其他问题则因“其详非笔楮能尽，总俟面悉”[①]，从中亦可见他们二人之间的交往状况。

万历二十七年（1599）秋天，刘东星用五个月的时间完成了300多里的治河工程，开通了邵伯、界首的槽渠，被万历皇帝擢升为工部尚书兼右副都御史。

是年冬天，吕坤所撰《赠大司空刘晋川序》中亦有相关记述。序文正文分为三层意思：

一是简要交代了撰写这篇序文的背景情况。序文开头就明确指出：“万历己亥秋，河工告成。是役也，晋川刘公实终始之。御史上言状，天子若曰：‘惟兹浲洞，警余一人。亡何绩用成，厥功惟懋。’乃升公工部尚书，荫一子，学于大学，赐金帛视一品，异数也。参知黄君承玄暨二三执事者索余言以为贺。”[②]因为汉成帝时改御史大夫为大司空，隋唐时期称工部尚书为大司空，所以吕坤在序文中遵古制称刘晋川为大司空。

二是详细回顾了刘晋川治理河道的曲折经过。作者首先表明自己与刘晋川的交往情况，称“昔余与公同协院，稔知公，公有道人也”。接着讲述刘晋川万历二十六年（1598）任总河侍郎时两次问计于吕坤的情景，称“戊戌之秋，公道宁陵，两顾我于蓬室”，向吕坤请教怎样处理治河之役中面临的五大难题，即“黄河南徙则忧凤、泗，众谓宜分；黄堌口决则忧漕，众谓宜塞；宿、睢鱼鳖则忧在生灵，众谓无其所急宁后民；水衡钱阙则忧国，众谓大小挑皆侈费也，宜罢募夫；多为日久则忧劳民，

① 〔明〕吕坤：《去伪斋集》卷四《与总河刘晋川论道脉图》，北京：中华书局2008年版。

② 〔明〕吕坤：《去伪斋集》卷三《赠大司空刘晋川序》，北京：中华书局2008年版。

众谓重永逸者轻一劳”。面对众说纷纭无法统一意见的困境，刘晋川接受了吕坤“夫河不可以遥度，治亦不可以按图治也”的建议，于是就遵循“理性者，通一腔于六合；理身者，畅百骸于四肢”的道理，着力于“精名理”之举，采取了一系列的治理措施，如“疏三仙台达于九里沟，濬镇口闸达于岔路，复赵家圈故道，自胡家楼达于两河，长二万八千四百余丈，广者十余丈或五六丈，深半之。引全河之五六出小浮桥以资漕，分全河之三四出白洋河以防溃。又筑拦水堤二，长一千七百八十余丈，阔二丈余，下倍之”等[①]，取得了较为显著的成效，“自是黄堌之水不犯归德，而凤、泗无虞。小浮桥建瓴而下，万艘无梗。河不南徙而宿、睢无为沼忧”，尤其值得称道的是，这样一项伟大的水利工程，其花费“仅十万五千有奇，甫四月而竣事，民不告劳，财不过靡”，在其中厥功甚伟的刘晋川总河，却没有表露出功成名就后的沾沾自喜之态。[②]

三是序文最后，吕坤解释说，“公有道，不喜谀，余亦不喜谀人，矧谀有道，顾以《河工箴》代《河平颂》焉”[③]，分别从“河之流”“河之干”“河之浒”“河之费”“河之浸”五个方面加以总结，既是对上文五大难题的回应，又是对刘晋川一番作为的高度褒赞。令人唏嘘不已的是，万历二十九年，治河有方的刘东星在主持沟通淮河和海河的泇河工程时，因劳累过度而病死在山东济宁漕署任上。

比刘东星稍晚的继任者李化龙和曹时聘，也在治河方面取得不同程度的成绩。

---

① 〔明〕吕坤：《去伪斋集》卷三《赠大司空刘晋川序》，北京：中华书局2008年版。

② 〔明〕吕坤：《去伪斋集》卷三《赠大司空刘晋川序》，北京：中华书局2008年版。

③ 〔明〕吕坤：《去伪斋集》卷三《赠大司空刘晋川序》，北京：中华书局2008年版。

李化龙，字于田，长垣（今属河南）人。李化龙为万历二年进士，与吕坤同年，历任河南嵩县知县、南京工部主事、右通政使、都察院右佥都御史、工部右侍郎等职，万历三十年接替刘东星任总河侍郎。万历三十二年，李化龙“始大开泇河，自直河至李家港二百六十余里，尽避黄河之险”[①]，却又因丁母忧而离职，但其为漕渠永利的开河之功至今为后人所称颂。

曹时聘，字嗣山，真定府获鹿（今属河北）人。隆庆四年中举人，次年中进士，历任都察院右佥都御史、应天巡抚、凤阳府军务提督、山东副宪、徐州兵备、工部右侍郎等职。万历三十三年二月，曹时聘正式就任总河侍郎。面对在山东等地多次决口的“千年害河”黄河，曹时聘自加压力，背水一战，毅然提出“黄河归曹”和“曹归黄河”两种解决方案，成功地引黄河入曹，“终其事，疏叙泇河之功”[②]。这一历经多任、延续多年的水利工程得以告竣，当地百姓感激他的恩德，甚至为其建立生祠以表达心意。

万历三十四年（1606），曹时聘又向万历皇帝送呈了著名的《泇河善后事宜疏》，极力称赞刘晋川、李化龙等人的治水之功，认为其在上千年的黄河治理史上写下了浓墨重彩的一笔。吕坤《去伪斋集》卷五还收录有写给总河曹时聘的三篇书信，从题目《与总河曹嗣山论河》《与总河曹嗣山议派征》《谢总河曹嗣山》就能大致看出书信的主要内容，其中第一篇最能反映吕坤的治河理念和家国情怀。

《与总河曹嗣山论河》是一篇将近三千字的长篇书信，也是吕坤心忧百姓、情系故乡的生动写照。书信紧紧围绕“方今庙堂之上所切切讲、亟亟图者，莫先于治河。内外论河之臣累千百疏，莫重于陵、运。乃忧

---

① 〔清〕张廷玉等：《明史》卷八五《河渠志三》，北京：中华书局1974年版。

② 〔清〕张廷玉等：《明史》卷八五《河渠志三》，北京：中华书局1974年版。

运者患河不南，忧陵者患河不北”这一当时社会上与治理黄河相关的焦点问题[①]，大致回顾了四十多年间黄河流经河南境内所带来的双面影响，以及任期内的河南官员和河南百姓为治理黄河做出的重大牺牲，强调“万姓知陵、运之为重，亦仰体当事者之苦心，而不敢望其恤也。故河南之民最苦，而河南之工最坚”[②]，认为“祖陵之重”和“漕运之急”都很重要，原因就在于百姓是帝国的邦本，“民惟邦本，本固邦宁”。

然而，治河官员来了一批又一批，治河措施采取了一种又一种，治河经费拨付了一次又一次，治河民夫累倒了一茬又一茬，几代人为之奋斗的“陵、运两无虞”的目标仍然没有实现。原因到底何在？吕坤仔细分析了当时的形势，将其归纳为六个方面的问题，并提出自己的对策：

第一，无休止的河赋徭役使百姓不堪重负。这种情况并非河南的特例，相邻省份的山东和南直隶地区也是如此，建议“当休养孑遗之民，歇其负重之哮喘，苏其欲断之残魂，少俟须臾，再兴大役”[③]。

第二，因为不了解过往的治河历史，造成“不知旧河者，新浚之深渠；新河者，漫流之平地，不揣本而齐末耳”，建议“地势高下再加详阅”[④]。

第三，因为九河故道的地势西北高东南低，所以历代治河官员从不担心黄河北岸的情况，重点在于黄河南岸，应当根据黄河流淌的自然之

① 〔明〕吕坤：《去伪斋集》卷五《与总河曹嗣山论河》，北京：中华书局2008年版。

② 〔明〕吕坤：《去伪斋集》卷五《与总河曹嗣山论河》，北京：中华书局2008年版。

③ 〔明〕吕坤：《去伪斋集》卷五《与总河曹嗣山论河》，北京：中华书局2008年版。

④ 〔明〕吕坤：《去伪斋集》卷五《与总河曹嗣山论河》，北京：中华书局2008年版。

势而加以疏导，也就是所谓的“击其惰归，无犯方张之怒”[①]。

第四，有些人认为浊河恢复流通可以保证运道百年无事，犹如有人“以不敢必之运道，而忘不可犯之祖陵”，是犯了“一忧之不甘而博二忧，智者所惧”的错误，其说法是非常荒谬的。

第五，“迦河视漕，省百里之途程，远黄流之狂悍”，唯一需要忧虑的就是秋天山水中裹挟的泥沙，所以要在秋末春初之间，调派沿河的民夫加以疏濬，“比照边军修墩堡，春秋班入卫之例，于工食外加其食米盐菜银若干”，此举兼顾到河工的顺利完成和民夫的生活补贴，所以吕坤称其为“讲运之第一筹也”[②]。

第六，民不患寡而患不均，况且“年年大工，不少宁息，非所以安思乱之人心也”，建议从长计议，“世道可忧，人穷可闵，养其力所以大其用，缓其役所以久其成”[③]，也许更利于行事。后来，吕坤与曹时聘之间就派征河夫之事又有书信往来，吕坤称“古者有分土无分民，后世因分土以分民，亦其势不得不尔也”，详细分析了黄河向东流经河南、山东境内的情况，指出“黄河自潼关入河南，至考城入山东，在中州者，迂曲千五百里。由山东、南直隶入海，约不过千里。是河南一省之河身，长二省而半之矣。往事不悉，嘉靖间，如兰阳、仪封、延津、封丘、考城泛滥冲决，动征发数万人，银数十万两，椿麻草稍一切称是，分毫不

---

① 〔明〕吕坤：《去伪斋集》卷五《与总河曹嗣山论河》，北京：中华书局2008年版。

② 〔明〕吕坤：《去伪斋集》卷五《与总河曹嗣山论河》，北京：中华书局2008年版。

③ 〔明〕吕坤：《去伪斋集》卷五《与总河曹嗣山论河》，北京：中华书局2008年版。

借力于他省。以西江不及涸鲋，城火不殃池鱼也”[1]。从信中的内容可知吕坤之建议获得曹时聘的认可，所以吕坤后来又写回信表示感谢。

明代的漕运总督多为都察院左（或右）佥都御史兼任，可以跨省或跨行政区行使职权，所以吕坤以致仕官员的身份给几位总河侍郎多次寄书本不足为奇，甚至为了达到救助宁陵百姓的目的，他还寄信给其他官员以为助力。

万历三十三年（1605）八月，河决曹县王家口，水淹柘城县田庐。时隔不久，朝廷有人动议重启治理山东段黄河，估计大概的花费需要八十万两银子，所需民工则要从河南、山东、江苏三省招募。当吕坤听说“塞苏庄复旧河请银八十万两，敝省派夫六万，盖以募为名也”的消息后，还写了《与廉访朱葆素请均河夫》这封信，阐明自己的观点。他首先算了一笔经济总账：“以八十万分三省，敝省止得二十六万有奇。以银二十六万募夫六万，每夫仅得银四钱三分有奇。今民间雇夫一名，每月银二两，每岁实费银二十四两，计民间所费已六十倍于官银矣。彼应役者掉臂而去，岂直惮劳、惮远、惮死故耳。”[2]

吕坤认为，招募民夫为国家治理河道无可非议，但平均下来每个民夫所获得的报酬仅“得银四钱三分有奇”，与当时民间雇佣一人所付佣金“每岁实费银二十四两”，公私报酬差距六十倍之多。那些佣工为生计所迫，只能靠一把力气挣钱养活一家老小，面对差距如此之大的报酬，那些前来应征之人自然是掉头而去，根本不是某些人口中所说的“惮劳、惮远、惮死”等原因。接着，吕坤又详细分析了当时归德府百姓在生死线上苦苦挣扎的现实困境，指出“今王家口以东，死骨磷磷犹未收也。

① 〔明〕吕坤：《去伪斋集》卷五《与总河曹嗣山议派征》，北京：中华书局2008年版。

② 〔明〕吕坤：《去伪斋集》卷四《与廉访朱葆素请均河夫》，北京：中华书局2008年版。

归德之民，余息奄奄未苏也。此老公祖之所目击也”，并用两个“不敢言”与两位治河大吏的言论加以比较分析，即“夫谁开之衅而殃及河南乎？此不敢言。苏庄虽决，不碍转漕。此霖寰公之言也。泇河大费十万，益深益阔，可以用赖。此嗣山公之言也。为谁除害而殃及河南乎？此亦不敢言”，认为花费巨大的人力物力财力去疏浚泇河，河南获益很少却深受其累，所以在此基础上提出三种分配方案，建议“如以银言，则开、归与六府俱属河南，银以县分，更为公平。或以里分总计，河南州县共若干里，每里派夫几名。或以地亩总计，河南州县共若干顷，几顷派夫一名，每夫实在用银若干。愿出夫者，解夫于河上，不愿出夫者，解工食于两府”，但无论如何，尽量做到八府之民在公家之役中“苦乐所同”。[①]书信还指出，如果廉访使朱葆素“倘念归德之旧苦，死亡已多，流离未复，不忍与七府均劳费而稍轻之，天理顺，人心安，七府何辞？”[②]经过层层的渲染和铺垫，年过七旬的吕坤顺理成章地将宁陵县的情况也摆了出来，同时也将自己的期望提了出来：“至于敝县宁陵，城颓已甚，今欲起五千人夫，兴八月工程，费三万银两，劳费不异河工，而城池亦非私役，倘更垂慈闵，谓七里之邑值两重之差，免派河工，俾完城役，在八府中所减不过百二十分之一耳，而鸿慈骏惠大有造于宁陵，将百世铭功，万口颂德矣。”[③]为了能减免家乡父老的河工劳役，年过七旬的吕坤不顾“求望太奢，义者之所厌也。忘其所厌而犹有望焉，仁者之所悲也”的世俗眼光，凭着一腔“赤子迫切至情”，放下身段请求当事者多多关照家乡

---

① 〔明〕吕坤：《去伪斋集》卷四《与廉访朱葆素请均河夫》，北京：中华书局2008年版。

② 〔明〕吕坤：《去伪斋集》卷四《与廉访朱葆素请均河夫》，北京：中华书局2008年版。

③ 〔明〕吕坤：《去伪斋集》卷四《与廉访朱葆素请均河夫》，北京：中华书局2008年版。

的父老乡亲，从河南地区到归德府，再到宁陵县，用大量精准的数据对比，直观地讲述了河南百姓为治河而做出的巨大牺牲，其观点有理有据，有情有义，让人不忍拒绝，表现出一代大儒和廉吏的政治智慧和人文关怀。

二、修城治邑保民生

除了想方设法为家乡的老百姓争取利益减轻税赋外，吕坤为预防贼寇侵扰而修城展城的举动也可圈可点。嘉靖二十九年（1550）庚戌之变后，明政府一直处于各种内忧外患之中，万历年间虽然稍有缓解，又碰上北方连年灾荒不断，“山西妖人吕明镇以白莲妖术谋不轨，（赵）全与丘富等从之。事觉，明镇伏诛，富与全率党李自馨、刘四、赵龙、吕老四、猛古王之属，叛归俺答”[①]，对社会造成了严重危害，都察院左都御史辛自修上疏称那些教派惑世生乱，“蔓引株连，流传愈广，踪迹诡秘，北直隶、山东、河南颇众”[②]，陕西、山西、畿辅、河南、山东、辽东等省份深受其害。因此，关注地方安全就成为很多像吕坤一样的封建士大夫比较重视的内容。

吕坤在山西任职多年，对于白莲教等极具迷惑性的民间宗教始终保持着高度警惕，认为“白莲教、无为教、南阳教、明尊教、白云宗，百家成群，千人为号，持斋念佛，暗结私通，夜聚晓散，或妄言天文，或僭称官号，敛骗钱财，奸污妇女。愚民被其欺瞒，全不知其诈伪，诚可哀怜”[③]，所以他把打击白莲教视为“目前第一急务”[④]。

万历二十一年（1593），吕坤离开山西去往京城都察院任职，当时

---

① 〔清〕谷应泰：《明史纪事本末》卷六十《俺答封贡》，北京：中华书局1977年版。

② 《明神宗实录》卷一八二“万历十五年正月庚子”条。

③ 〔明〕吕坤：《实政录》卷五《乡甲约》，北京：中华书局2008年版。

④ 〔明〕吕坤：《实政录》卷五《乡甲约》，北京：中华书局2008年版。

的右春坊右中允兼翰林院修撰李廷机曾经撰有《赠大中丞新吾吕先生还朝序》，对吕坤巡抚山西时为地方安全所做的努力叙述得较为清晰。其序略曰：“公抚晋，当民劳财匮、虏骄备弛之日，而蒿目矢心，课吏字人，明殿最，勤噢咻，无日不讨将士而训之以《七书》《百战》诸方略，攻守之宜，防御之策。”①

吕坤致仕回到家乡多年，对地方安全极为关注，所以极力主张展城扩城。当时曾经有人发匿名信质疑吕坤，认为他极力主张扩展城门的目的，在于“遂一己之私意，害一县之人民；碍他人之祖坟，助自家之风水”，哪里能称得上仁义之举呢？

吕坤在《展城或问》中一一列举了自己的仕途经历，既反驳了匿名之谤的荒诞无稽，又袒露出对家乡宁陵的惓惓深情。吕坤为了让不明真相的百姓明白事情的来龙去脉，于是公开为自己辩解道：

> 自我出学以来，四十年矣。登第升迁，乡党亲戚闻报相欢，登门称贺，自愧绵力薄德，无以答亲友之情，报乡邦之爱。以为纵无补也，何颜害之？故凡乡邦之事，得出言无不尽言，得出力无不尽力，不求人知，自有天鉴。居常自念，本寒素也，而天与之丰衣足食；本布衣也，而天与之顶冠束带。天待士夫厚矣，士夫又害人以自厚，吾何忍？士夫能害人，天能杀害人之人，吾何敢？②

三、著书讲学奖后进

吕坤为培养青年后进而著书讲学，非常看重教官的作用，认为“官

---

① 〔明〕李廷机：《李文节集》卷十七，台北：文海出版社1970年影印明崇祯年间刻本。

② 〔明〕吕坤：《去伪斋集》卷七《展城或问》，北京：中华书局2008年版。

之重无如教官重，官之坏亦无如教官坏矣”[①]。

他对当时的学政状况非常担忧，认为有些教官早已背离了开国之初朝廷制定的“以学校为首善之地，教职为风化之官”的初衷，不向学生传授修己治人之道，所教非术，所正非人，所作所为多为虚名虚务，因此无法培养出德才兼备的人才。他认为教官应当“立身端谨，学政精严，作养人材，堪为世用”[②]，所以一直把那些身体力行的前辈看作自己的榜样，着力于根据不同的情况制定符合实际的行动规划。如《实政录》卷一谈及“教官之职”时，列举了明初河南大儒曹端的事例，认为曾任霍州学政的曹端先生“规言矩行，崇德尚贤，士皆濯心励志，耻其生平，期年之间，意气交孚，而声容半似。后调蒲州学正，两学诸生，上疏争之”，并指出曹端之所以能够受到学生的尊重和推崇，原因在于“其深沈有养，淡泊无营，故亲炙者悦服，观感者愧讼，非科条所约，而话言所诏也”[③]。

致仕归乡后，吕坤并没有忘记自己对科甲出身者的要求，完美地诠释了“士君子在朝美政，居乡善俗”“出为名宦，入为乡贤”的传统观念[④]，为培养青年后进而著书立说，力争在传道、授业、解惑方面撑起一片天空。

① 〔明〕吕坤：《实政录》卷一《明职》“教官之职”条，北京：中华书局2008年版。

② 〔明〕吕坤：《实政录》卷一《明职》“教官之职”条，北京：中华书局2008年版。

③ 〔明〕吕坤：《实政录》卷一《明职》“教官之职”条，北京：中华书局2008年版。

④ 〔明〕吕坤：《实政录》卷一《明职》“科甲出身”条，北京：中华书局2008年版。

乡约保甲制度是中国封建社会长期延续的一种统治手段。它把宗法关系与国家关系融为一体，兼具军事管理和社会治安管理的双重功能，有利于加强封建王朝对国家各个领域的严密控制，因此从元明清直至民国时期一直占据重要地位。随着世事的沧桑变化和商品经济的发展，明人的宗法伦理观念日渐淡薄，“民心益离而俗愈散”的趋势越来越明显，“乡党”一词逐渐失去了原来的功能，但也越来越引起有识之士的关注和维护。

明代大儒王守仁制定并大力推行的《南赣乡约》中说：“自今凡尔同乡之民，皆宜孝尔父母，敬尔兄长，教训尔子孙，和顺尔乡里，死丧相助，患难相恤，善相劝勉，恶相告诫，息讼罢争，讲信修睦，务为善良之民，共成仁厚之俗。”[①]强调把政治治理与宗族组织有机地结合起来，由乡约组织对犯法违约者加以制裁，其观点在明代士人探索乡约保甲制度的队伍中比较具有代表性，对于吕坤的思想也有一定程度的影响。

吕坤对于明代中后期的社会形势有着清醒的认识。他对秦汉以前的社会人文风气比较推崇，认为“三皇是道德世界，五帝是仁义世界，三王是礼义世界。春秋是威力世界，战国是智巧世界，汉以后

---

① 〔明〕王守仁撰，吴光等编校：《王阳明全集》卷一七，上海：上海古籍出版社1992年版。转引自刘志松、冯志伟：《宋以来乡约与乡约法探析——以乡约碑刻为考察对象》，《民间法》第12卷，第305页。

是势利世界”[1]，宋元以后世风日下，“近世士风崇尚简率，荡然无检”[2]，令人慨然叹息。作为一位有远见、有良知、有责任心的儒家知识分子，吕坤明白天下大势有其自身发展的轨迹，一向很重视官场风气对民间风俗的正向引导，认为“世界毕竟是吾儒世界，虽二氏之教杂出其间，而纪纲法度、教化风俗，都是二帝三王一派家数”[3]，而且“变民风易，变士风难；变士风易，变仕风难”[4]，如果能够从根本上改变官场风气，那么知识分子的讲学之风和民间的风俗习惯也会随之发生变化，进而实现天下大治的目的。

从万历二十五年四月致仕归乡，到万历四十六年八月去世，吕坤在宁陵度过了二十一年的乡居岁月。他一边潜心讲学著述，一边顾念桑梓百姓，在传播知识的过程中宣扬教化，既把父辈对自己的殷切期望付诸实践，又适时地对吕氏宗族的长远发展加以规划，可谓“木铎起而千里应，席珍流而万世响”[5]。吕坤做事深受父辈的教导与影响，一贯身体力行，推己及人，其主要贡献突出表现在三件大事上：一是用自己的积蓄和俸禄设立孝睦田，二是撰写出通俗易懂的《吕氏宗约》，三是通过著书立说来传播自己的儒家德治理想。

一、创设义田睦宗族

宗法制度的确立是中国封建社会得以长期延续的重要因素，也是促使吕坤关爱宗族、关心家乡的直接动力。

---

① 〔明〕吕坤：《呻吟语》卷四《世运》，北京：中华书局2008年版。

② 〔明〕吕坤：《呻吟语》卷四《世运》，北京：中华书局2008年版。

③ 〔明〕吕坤：《呻吟语》卷四《世运》，北京：中华书局2008年版。

④ 〔明〕吕坤：《呻吟语》卷四《世运》，北京：中华书局2008年版。

⑤ 周振甫：《文心雕龙今译》，北京：中华书局2000年版，第12页。

万历六年，吕坤用他的俸金及升任吏部郎官时所得到的建坊金各百两，买下了常稔田五百亩，设立了吕氏宗族的孝睦田。吕坤《宁陵吕氏孝睦田碑》用短短四百多字，详细讲述了设立孝睦田的缘由和经过。碑文首先交代了孝睦田命名的缘由，是出于两个方面的考虑：一方面，用“孝睦”为这块田地命名，是为了“祀先人，邺同姓也”；另一方面，“孝睦以田名者何？可常继也”，意在让整个家族能够持之以恒地遵循“孝顺长辈，敦睦亲属”的良好风尚。

“孝睦”思想源远流长，是古代士族大家所普遍倡导的行为规范。《旧唐书·裴向传》中就记载了唐人裴向孝睦亲族的事迹。裴向（751—830），字傃仁，绛州闻喜（今山西闻喜）人。裴家本是“代袭冠冕”的河东著族，其父裴遵庆以“恭俭克己，迟重谨密”而颇有时望，肃宗朝官拜给事中、尚书右丞、吏部侍郎，上元年间迁黄门侍郎、同中书门下平章事，后以吏部尚书右仆射恢复知选事，时人以其为荣。[①] 裴向作为名相之子，一直“以学行自饬，谨守其门风”，后以吏部尚书之职致仕于新昌里第，卒赠太子少保。裴向为官期间，始终坚持“仁智推爱，利及于人”，所以“内外支属百余人，向所得俸禄，必同其费，及领外任，亦挈而随之。有孤茕疾苦不能自恤，向尤周给，至今称其孝睦焉”[②]，在当时传为佳话。吕坤的家世背景虽然没有闻喜裴家显赫，但其设立孝睦田之举与裴向的事迹颇为相似，至今仍为人民所称道。

接着，碑文详述了设立孝睦田的背景，指出设立孝睦田是为了实现父辈未完成的愿望而采取的相应措施。这部分内容主要包含两层含义：

第一，父辈的多年期许是吕坤设立孝睦田的直接动因。碑文写道：

① 〔后晋〕刘昫：《旧唐书》卷一一三《裴遵庆传》，北京：中华书局1975年版。

② 〔后晋〕刘昫：《旧唐书》卷一一三《裴遵庆传》附《裴向传》，北京：中华书局1975年版。

“昔我先君承德公近溪，及我伯考迪功公北溪，皆仁人也，一食一衣，思以分人，视同姓饥寒尤为酸楚，欲人人温饱之弗能。”吕坤的父辈对科举仕途都很淡薄，但无论是其父亲近溪公还是伯父北溪公，都是非常仁义之人，对于宗族事务也非常热心，尤其同情并经常帮助那些生活较为困难的宗亲。然而，从嘉靖己酉（1549）到嘉靖辛酉（1561）十多年间，吕坤与堂兄迪功公之子伯待分别考中举人，扶助亲族的事情尚未谋划好，而伯父北溪公已经带着遗憾去世了。嘉靖四十一年（1562）正旦，吕得胜在吕氏宗族拜祭宗祠之际，将管理宗族事务的责任郑重地托付给吕坤和其伯兄吕邦器，告诫他们说：“五世同堂，皆我骨肉，彼鹑衣而彀食者，夫非洛来公子孙邪？每读范文正公《义田记》，吾甚愧之。夫八门福气钟汝两人，幸富贵无专余庆以自封，愿以吾宗相属。”所谓“鹑衣而彀食”，是指人们衣不蔽体，食不果腹，形容生活极端贫困。吕得胜目睹很多家境贫寒族人过着“鹑衣而彀食”的生活，内心很受煎熬，所以每次读到范仲淹的《义田记》，想起范仲淹在二十多年间矢志不移地去践行自己的理想，最终成功地设立千亩义田，不仅实现了“养济群族之人”的目的，使他们“日有食，岁有衣，嫁娶婚葬皆有赡”，而且通过制度化、规范化、长期化、人性化的运作，使族人们的生活得到基本保障，做了一件有益于子孙后代的大好事。吕得胜心里常常为自己没能像范公那样帮助族人而深感愧疚，所以就把自己的希望寄托在吕坤兄弟身上。七年之后，父亲吕得胜和兄长吕邦器在同年相继去世，挑起宗族事务的重任就落在了吕坤一人身上。

第二，吕坤设立孝睦田之举还受到时代风尚的影响。吕坤对于父辈的重托“唯唯不敢忘”，在自己有能力去做父辈所托之事后，迅速加以践行并最终实现其愿望，着实令人赞叹。但他在完善宗族管理制度和设立宗族孝睦田方面更为用心，远远超出了其父的期许，其中也有时代风尚的因素在内。

明代中后期，受各种内忧外患因素的影响，下层普通百姓的生活仍然很艰苦。吕坤在进士及第走上仕途之后，曾多次将自己所得俸禄无偿捐赠给同族宗亲。碑文中是这样记载的：“又三年辛未，余登第于南宫。万历甲戌，筮仕襄垣，积俸金百。戊寅入为天官郎，得坊金百。又益之以岁入，买常稔田五百亩。自两税外，祖墓祭扫、宗祠营建、家学馆谷、宗族贫者之婚丧衣食，咸取给焉。不足，先急者；甚不足，间佐之以家资，必无使困。”

无独有偶，与吕坤几乎同时的湖南籍官员沈榜（1540—1597），在万历年间任顺天府宛平县知县时，根据当地的历史掌故和署中的档册文献整理而成《宛署杂记》二十卷，是研究明代北京地区政治制度、经济社会、风俗人情的珍贵资料。其中关于“养济院”条记载，与吕坤所为也颇为类似：“籍名收养，多至数千余人，岁费当若干。此外，又有舍饭，而鹑衣彀食，扶携颠连，号呼衢路者，犹然在也。”吕坤在管理宗族事务过程中，逐渐摸索出一套相对完善的方法。在常规费用开支方面，吕坤用自己积攒的俸禄和其他收入，买下了五百亩常稔田，把土地的持续产出用于家族日常事务管理支出的经济保障；在每年的祖墓祭扫、宗祠营建、家学馆谷、宗族贫者之婚丧衣食等方面固定支出经费；对于同宗同族中家境贫寒者，在经济生活上给予资助，而且兼顾到轻重缓急，如果孝睦田的收入不足以满足正常的支出，就先用自己家里的收入垫资，务必保证家族宗亲的生活不至于陷入困境。在宗族管理制度方面，他不断加以规范完善，就地取材，因人而异，合理调配，“择宗族子弟之廉而干者主催科，富而有心计者主出纳，庶几乎少竟父兄未竟之志哉”[1]，确保了宗族管理工作的有序进行。

---

① 〔明〕吕坤：《去伪斋集》卷八《碑文》“宁陵吕氏孝睦田碑”条，北京：中华书局2008年版。

最后，吕坤还将设立孝睦田的经过刊刻立碑，“遂以券闻于邑而藏之宗祠，俾吕氏子孙世守焉”，为吕氏宗族的长远发展谋而后定，做出了重要的贡献。而从各种文献记载可以看出，关注民生疾苦，体恤下层民众，是当时有良知的政府官员和知识分子普遍去做的事情，具有较为普遍的意义。

二、撰述《宗约》齐秩序

中国古代不同时期行政区划的管辖范围、管辖规模、管辖户籍等情况屡有变迁。从农村基层行政单位“乡”来看，周制以一万二千五百家为乡，《周礼·地官·大司徒》有记载：“令五家为比，使之相保；五比为闾，使之相受；四闾为族，使之相葬；五族为党，使之相救；五党为州，使之相赒；五州为乡，使之相宾。”春秋战国时期的齐国和楚国，郊内以两千家为一乡。《国语·齐语》《管子·小匡》《鹖冠子·王铁》等文献典籍中均有记载。汉制则以万户为乡。《汉书》卷一九上《百官公卿表上》记载：“大率十里一亭，亭有长。十亭一乡，乡有三老、有秩、啬夫、游徼。三老掌教化。啬夫职听讼，收赋税。游徼徼循禁贼盗。县大率方百里，其民稠则减，稀则旷，乡、亭亦如之。”[①] 同书卷二四上《食货志上》记载：“在野曰庐，在邑曰里。五家为邻，五邻为里，四里为族，五族为党，五党为州，五州为乡。乡，万二千五百户也”，“里有序而乡有庠。序以明教，庠则行礼而视化焉”[②]。

唐宋以后，“乡”则专指县级以下的基层行政单位。吕坤认为，处理乡里的事情就应该用乡规俚俗的办法来解决，强调“人生天地间，谁

① 〔汉〕班固：《汉书》卷一九上《百官公卿表上》，北京：中华书局1962年版。

② 〔汉〕班固：《汉书》卷二四上《食货志上》，北京：中华书局1962年版。

没个良心，各人拿出良心来，少人的就还人，恼著人就陪话，自家得罪于人，自家就认不是，这等有什么争竞”，主张“和处事情以息争讼”[①]。《实政录》卷五《乡甲约》，集中体现了吕坤对于维护地方社会秩序、遵守地方乡约规则的明确态度。其中收录的“编乡甲字号”和“续编乡甲字号”两个条目，最具代表性。

“编乡甲字号”和“续编乡甲字号”两则条目，均采用了四言歌谣的形式为乡甲编号排序，寓教化于日常生活中的方方面面，读起来朗朗上口，听起来教化育人，让人为之耳目一新。

如“编乡甲字号”的具体内容是：“孝弟忠信，礼义廉耻。正直公平，欢爱忻喜。忍耐让恭，温和柔美。畏天守法，怀德循理。知止存心，省身克己。智仁宣哲，睦姻任恤。富贵康宁，昌盛丰足。进修讲习，敬谨纯笃。操持有常，千祯百禄。劝君学好，希圣为贤。端方清静，实行真言。淑慎庄洁，福寿延绵。吉祥如意，饱暖安然。”[②]

而“续编乡甲字号”的具体内容是：“人钟五秀，灵于万物。慧悟聪明，刚毅朴讷。六府三事，水火金木。复性利用，厚生土谷。阴阳寒暑，日月星辰。昭晰宇宙，鉴视严森。春冰惕励，戒惧临深。一乡善士，鸾凤麒麟。官赏民颂，此感彼钦。凡兹黎庶，细听吾说。望汝遵依，致我乐悦。恩则雨露，威是霜雪。路只两条，从尔审择。”[③]

前一段文字主要宣扬儒家传统的德育内容，教育人们要把“孝弟忠信、礼义廉耻、正直公平”“畏天守法”“省身克己”“敬谨纯笃”“端方清静”作为做人的根本，认为只有这样才能实现“福寿延绵，吉祥如意”的美好愿望。

---

① 〔明〕吕坤：《实政录》卷五，北京：中华书局2008年版。

② 〔明〕吕坤：《实政录》卷五，北京：中华书局2008年版。

③ 〔明〕吕坤：《实政录》卷五，北京：中华书局2008年版。

而后一段文字则更加强调天地万物皆有生命、上天有好生之德、人类是万物之灵长、做人做事要尽量暗合五行自然规律等生存理念，希望芸芸众生各安天命，在面对是非善恶时能做出正确的选择。

吕氏一门原本也有宗约，但后来因为倡议者不幸去世，所以其事不久即废止。据《宁陵吕氏家志》记载，吕得胜管理吕氏家族事务时，曾经以吕氏第六门第四支第三世小宗子的名义，撰写有《宁陵吕氏小宗法》，对于宗子继承、家政管理、惩处犯过者等内容作了规定，其中关于例义和宗约的详细规定，就是出自吕坤之手。后来，吕坤先后撰写有《孝和会约叙》《吕氏宗约叙》等，对相关内容加以记录。

吕坤制定的宗约或会约相当详细具体："余家宗法，凡无嗣之人，家产不拘贫富，除房屋私藏器具牲畜外，其余一切庄田，听令与继嗣兄弟原产，一滚均分。如绝嗣者田千亩，而继嗣者兄弟三人只五百亩，则总计千五百亩，每分五百亩；如绝嗣者田二百亩，而继嗣者兄弟三人田千亩，则总计千二百亩，每分四百亩；绝嗣者无产，或出继者所生之家，原自富厚，其均分亦然。庶绝者富，不嫌于嗣者之贫富以启争；绝者贫，不至于嗣者之嫌贫而厌继矣。"

吕坤十分看重宗族情分。他在《吕氏宗约叙》中开宗明义称"今夫父子兄弟，长同室，爨同庖，聚则相亲，离则相忧，讳非成美，救恶长善，恐相陷于不义，以干刑辟，以贻乡邻亲识笑，此一家至情也"。然而，"自兄弟分，而后各自为家矣"，经过"各子其子，各孙其孙"的历史变迁，加上有些人的离心构怨或妒忌心理，曾经的一家人渐渐变成徒存名分的陌生人，原因就在于相互之间"情不相洽故也"。细细思量其深层次的原因，则"大抵人之情，日相与则亲，亲则信，信则物莫能间，虽异姓亦然。日相隔则疏，疏则疑，疑则隙日以开，虽同姓亦然"，也就是说人与人之间的关系是相处得越长久就越亲近，因为亲近所以能够互相信任，相互信任的人就不会受到外物的离间，即便是不同姓氏的人们也能做到这些；而亲戚之间如果距离太远，渐渐地就会因为二者之间存在距离而造成关系疏远，而日渐疏远便容易产生猜疑，进而导致相互之间的嫌隙更加深重，即便是同姓亲族之间也会渐渐疏远。

最后，吕坤自然而然地谈到吕氏家族的情况，言及吕家迁徙至宁陵虽然只有八世，同宗族之内就出现过白发苍苍仍互不相识的现象，值得庆幸的是双方还没有结成冤仇，名义上虽说还是一家人，相互之间的情分却早已非常淡薄。吕家先祖中曾有两三位品德高尚的君子对此深以为耻，于是就发出倡议，约定“岁二十四，会宗人，修祀事，讲宗法，睦族情”，照这样做了几年后，同姓族人之间又渐渐形成相亲相爱的氛围。又过了一段时间，最初的倡议者不幸去世，这件事不久就形同虚设，无法持续下去。又过了十多年，亡兄伯待在希汤的帮助下重新张罗这件事，由吕坤负责撰写《吕氏宗约》，“以备其法，以久其事”。

吕坤所撰《吕氏宗约》主要涵盖了三个方面的内容：

一是撰写《吕氏宗约叙》，主要交代吕氏家族订立《吕氏宗约》的背景和原因。吕坤感慨地说：“嗟我宗人，昔所谓同室、同爨人也，百世宗盟，又非若女兄弟行也，其尚以情称名，无为燕、楚之人所笑哉！”

二是撰写《宗约歌引》，主要说明《宗约歌》的撰写特色及其原因。吕氏一族人口众多且生活较为贫困，为了最基本的生存而常年奔波于市井闾巷之间，一多半人还不识字，稍微文雅一点的语词都听不懂，平时与人交往都是地地道道的乡音俗语。鉴于吕氏宗亲的实际生活状况，吕坤在撰写《吕氏宗约》时主要考虑的是怎样让宗亲们听明白宗约中规定的内容，而不是追求文辞的典雅，所以他所作《宗约歌》以通俗易懂为目的，“极浅极明，极俚极俗，讹字从其讹字，方言仍用方言，但令入耳悦心，欢然警悟，即差讹舛谬，取笑于文人；鄙野村粗，见揶于墨士，所不敢辞”。至于《宗约歌》中“稍涉文言略有典故者”，则与在家学中读书的子孙们讲解清楚；其中用语大多比较直白，缺少含蓄隽永的意味，原因在于仅限于约束吕氏一族，所以无论长幼尊卑一视同仁，不用担心有什么猜忌嫌疑之举。

三是所撰《宗约歌》的基本面貌和思想倾向。《宗约歌》共有两大主题倾向，即“劝”和“戒”，既贴近生活，又切合实际，集中彰显出吕坤对于世道人心的深刻体悟和匡救时弊的良苦用心。其中“劝”类31条，分别是“劝祭祖”“劝孝亲”“劝笃亲”“劝友爱”“劝敬兄”“劝敬长”“劝和邻”“劝教子”“又劝教子”“劝继母”“劝前子”“劝妯娌”“劝男家”“劝女家”“劝勤业”“又劝勤业”“劝节俭”“又劝节俭”“劝爱身”“劝重农”“劝栽树”“劝忍让”“劝借取”“劝方便”“劝安贫”“又劝安贫”“劝牙行”“劝买卖”“又劝买卖”“劝原业”“劝恤仆”，内容涉及社会生活的各个领域，有人有事有态度。

如“劝祭祖”条主要强调“敬天法祖”的思想，其文曰：“问你身从何处来，祖宗父母养婴孩。家中空有儿几个，坟上谁浇酒一杯？待客随人也使钞，因妻为子不惜财。北坛孤鬼还三祭，多了当年要子埋。”

再如“劝和邻”条，则是倡导邻里相亲的价值观念：“同县同乡与近邻，土居年久都相亲。倚强陵弱非君子，尚气争财是小人。忍事何妨邻里笑，存心自有鬼神钦。请看带锁披枷者，那个当初是好民。”

“戒”类收录了54个条目，分别是“戒不孝”“戒忤逆”“戒贪财”“戒赌博”“戒酗酒”“戒豪饮”“戒好色”“戒荡子”“戒疾恶”“戒负恩”“戒没足”“戒厚礼”“戒虐戏”“戒狂戏”“戒护短”“戒骂人”“戒打人”“戒争斗”“戒骗取”“戒放债”“戒侵占”“戒欺邻”“戒陵寡”“戒骄矜”“戒亏人”“戒混俗”“戒雍蔽”“戒多事”“戒苟且”“戒弃书”“戒烧炼”“戒刁讼”“戒好讼”“戒唆讼”“戒结党”“又戒结党”“戒阴险”“戒治产”“戒隐丁”“戒诡地”“戒造言”“戒传言”“戒听教”“戒多言”“戒失信”“戒说谎”“戒诈伪”“戒邪教”“戒求福”“又戒求福”“戒窃盗”“戒强盗”“戒杀生”“戒食牛”，对于社会生活中存在的种种不良现象观察得细致入微，分析得入木三分。

如“戒不孝”条写道：“不孝之人听我歌，你身生在那桑科？亲衰只怕孩儿小，儿大偏觉老的多。子便当家爷闭户，妻常陪客母烧锅。有时冻饿依墙哭，不怕龙天看著么？”

再如“戒骄矜”条说：“世上人人都好高，己长彼短逞英豪。自非尧舜谁无过，便是周公岂可骄。桃李下成十字路，沧溟低受百川朝。事理无穷学有限，劝君休得口哓哓。”

除上述85条劝戒内容外，《宗约歌》卷末还专列《闺戒》条目，前面录有《闺戒引》，自云“家之兴望，妇人居半。奈此辈从来无教，骄悍成风”，那些出身于士大夫之家的女子可能还接受过《诗》《书》之类的家庭教育，但那些从事农业生产、手工业生产、小商业经营以及偏远地区乡野小民的妻子或女儿们，无论是青春年少者还是白发苍苍者，则完全不知道怎样去扮演好自己的角色。

为了纠正当时社会上女性骄悍成风的时弊，吕坤趁着卧病在床的闲暇时间，对女子容易犯的过失进行思考归纳总结，写成了37首“望江南”，分别对“泼恶妇”“不孝妇”“残刻妇”“生分妇”“强悍妇”“魔障妇”“淫滥妇”“骄傲妇”“长舌妇”“耳软妇”“懒惰妇”“风狂妇”“险毒妇”“摇乔妇”“彰精妇”“跌屑妇”“随邪妇”“乞求妇”“放肆妇”“嫉妒妇”“昏呆妇”“没足妇”“搅家妇”“馋嘴妇”“蛮缠妇”“糊涂妇”“奸狡妇”“轻薄妇”“无情妇”“絮聒妇”“狐媚妇”“黑心妇”“嗝叨妇”“护短妇”“逻事妇”“邋遢妇”“叫噪妇”等37种不良妇人形象进行了绘声绘色的描述。

第1首写道：“泼恶妇，一味性刚强。抬头撞脑凶如虎，拿刀弄杖狠如狼。动滩哭一场。”

第30首写道：“絮聒妇，琐碎不停声。千言万语说还说，半月十朝重又重。教人怎待听。”

为了使这些歌谣能够在房闼闺阁之间广为传播，吕坤还特意采用梁宋地区通行的声音字画，个别地方甚至是将错就错，而没有将那些通俗易懂的话语改换成较为文雅的词句。

总之，无论是“劝”还是“戒”，吕坤撰写《宗约歌》的出发点还是为了实现父亲寄予在他身上的深厚期许，引导族人宗亲求真向善尚美，为了整个家族的融洽相处和稳定发展，为了宣扬儒家的忠孝节义思想。可见其目的之明确、思虑之周全、用心之良苦，堪称入耳通心的劝世良言。

三、省察克治化人心

东汉思想家王充在《论衡·佚文》中说过：“夫文人文章，岂徒调墨弄笔，为美丽之观哉？载人之行，传人之名也。善人愿载，思勉为善；邪人恶载，力自禁裁。”意思是古往今来的文人之所以写文章，并非是为了显示辞藻的华丽，而是用以记录人们的行为，传播人们的声名。那些善良的人希望青史留名，所以不断努力去做善事；那些邪恶的人害怕被史书记载，所以也尽量地节制自己的恶行。从此之后，用“文人之笔”来“劝善惩恶”就发挥着越来越重要的作用。

吕坤认为，人非圣贤，其身心经常处于患病状态，所以那些“省察克治修己治人”的关键点①，往往可以从人情世故中推究而出。他一生“以阐扬正学为己任”②，著书立说二十多年，“其理学经济为不可及也”③，

① 〔清〕陈宏谋：《呻吟语节录序》，收入《吕坤全集》下册“附录二”，北京：中华书局2008年版。

② 〔清〕汪永瑞：《吕沙随先生祠记》，收入《吕坤全集》下册“附录三”，北京：中华书局2008年版。

③ 〔清〕汪永瑞：《吕沙随先生祠记》，收入《吕坤全集》下册“附录三”，北京：中华书局2008年版。

“为学主于存诚，立言本乎心得，服官行己，无愧古人，继往开来，有功圣学”[①]，将“太上立德、其次立功、其次立言”的人生理想演绎得淋漓尽致，“实足树儒林之圭臬，绍理学之宗传”[②]，明清以来深得朝廷和民间的双重推崇。

吕坤在省察克治、教化人心方面的实践和传播，充分体现在其对于善恶选择的深度思考。吕坤奉父命所作的《为善说示诸儿》一文，就是吕坤善恶观的直接反映。吕坤指出，古人常常通过占卜吉凶来释疑解惑，认为“善则吉，不善则凶”“善则福，不善则祸”“善则誉，不善则毁”等现象虽然也有道理，但这些只是圣人为了教育普通百姓不得已而采取的说法；至于圣人自己处事的原则，与此不同，即便遇到一些非常极端的状况，他们也会坚持自己的原则和立场，如“善者皆凶，而君子不敢避善以趋吉；善者皆祸，而君子不敢忘善以徼福；善者皆毁，而君子不敢违善以要誉”[③]，目的在于激浊扬清，倡导善行，惩戒邪恶。

在吕坤看来，古代的圣人君子所追求的理想境界，就是遵照“天地君亲师”，父母慈祥子女孝顺，兄弟之间互爱互敬，丈夫能够尽到自己的责任，对父母有恩义、对妻子有情义、对家庭有道义，妻子则需要注意自己的妇言、妇容、妇德、妇功，扮演好自己的身份和角色，尽量做到家庭和睦，亲族团结，不以自己的言行伤害别的人和事，使人们能够顺其自然、安居乐业。无论吉祥也好，幸福也好，赞誉也好，君子都能一如既往地为善自乐；如果所遭遇的境况与上述情况刚好相反，君子也能安之若素，不为所动。一方面，君子为人处世都顺其自然，就像人们

---

① 清道光六年二月初十日《礼部奏请从祀文庙疏》，收入《吕坤全集》下册“附录四”，北京：中华书局2008年版。

② 清道光六年二月初十日《礼部奏请从祀文庙疏》，收入《吕坤全集》下册“附录四”，北京：中华书局2008年版。

③〔明〕吕坤：《去伪斋集》卷七《为善说示诸儿》，北京：中华书局2008年版。

肚子饿了会吃饭、口渴了找水喝一样，坚持做自己认为应当做的事情；另一方面，君子又能从长远利益考虑，坚持不去做那些自己认为不应当做的事情，就像人们即便饥肠辘辘也不会去吃味苦的紫堇，口渴难耐也不会去喝鸩毒之酒一样，绝不为只图眼前利益的短视之举。

吕坤还把儒家的善恶观与道家的善恶观、佛教的善恶观、亲师之道相比较，教育自己的后辈仅有单纯的为善之心远远不够，还要善于思考和揣摩，注意明辨是非曲直、把握过犹不及的尺度，争取达到更高一层的人生境界。

《去伪斋集》卷十收录有一则《好人歌》，尽管只有短短 500 多字，却用五言古诗的形式和通俗易懂的语言，从另一个侧面形象地勾勒出吕坤心目中的好人标准。全文共 46 句，从三个层面加以叙述：

第一层：第 1~3 句。文章开门见山，直言“天地生万物，惟人为最贵。人中有好人，更出人中类”，因此作者就写了这首《好人歌》，向在座的众人表达自己对于好人的看法。

第二层：第 4~38 句。这部分内容从三个方面描述了吕坤眼中的好人标准：作者先用 18 句类似的语言描写好人的日常表现，认为“好人先忠信，好人重孝弟。好人知廉耻，好人守礼义。好人不纵酒，好人不恋妓。好人不赌钱，好人不尚气。好人不仗富，好人不倚势。好人不恃众，好人不奸智。好人不作害，好人不贪利。好人不欠粮，好人不诡地。好人不教唆，好人不妒忌。好人不说谎，好人不谑戏。好人没闲言，好人不谤议。好人不帮诱，好人不诓骗。好人没歹朋，好人没浪会。好人不矜夸，好人不负义。好人不傲人，好人不出位。好人不村野，好人不狂悖。好人不多事，好人不败类。好人不懒惰，好人不妄费。好人不诡随，好人不纵意。好人不轻浮，好人不华丽。好人不傝僑，好人不跷蹊。好人不歪强，好人不暗昧”，几乎涵盖了一个好人在社会生活中的方方面面，其精髓在于如何守住做人做事的道德底线，如何遵循“忠孝节义”

的道德规范。

接着，作者分别用 4 句话来描述好人常见的善行善举和好人面对恶人恶行时的退让躲避之举：一方面，“好人不坏俗，好人喜动世。好人惧法度，好人有义气。好人救患难，好人施恩惠。好人行方便，好人让便宜”；另一方面，“恶人骂好人，好人不答对。恶人打好人，好人只躲避。不论大小人，好人不得罪。不论大小事，好人只忍退”。这两种行为形成了鲜明的对照。当然，从今天的角度来看，一味地对恶人恶行纵容退让，可能会导致程度更深的破坏性，对于更多的好人来说是负面的、不公平的，不应该加以倡导。

最后，作者用一段话分析了富人、贵人、贫人、贱人、少年、老人、弱汉、恶人这八种人去做好人可能会产生的社会影响。作者认为：如果家庭富裕之人能做好人，那么他不为人所知的善行将会惠及后代子孙；如果贵人能做好人，那么他家乡的父老乡亲就不会愤而辱骂他；如果贫穷之人能坚持做好人，那么他的内心世界比那些坐拥千顷良田的地主豪绅还要富足；如果身份卑贱之人能够做好人，那么他的品行不会比那些王侯显贵逊色；如果年少之人能做好人，那么他的品德和声望就像那些前辈一样令人尊敬；如果老迈之人能做好人，就能减轻他以往曾经犯下的罪过；如果弱不禁风之人能做好人，那些身强力壮之人应该会为自己而羞愧；如果作奸犯科之人能洗心革面重做好人，那么他的声名将会比以前响亮千倍。归根结底一句话，如果不同身份的人都能去做好人，那么这个世界将会变得非常温馨，将会形成一种潜移默化的精神力量，并产生非常深远的社会影响。

第三层：第 39~46 句。古人云：“编筐窝篓，重在收口。”这部分内容旨在总结好人善行所产生的巨大精神动力。作者指出，“好人乡邦宝，好人国家瑞。好人动鬼神，好人感天地。好人四海传，好人千古记”，一个人如果只做行善积德的好事，一定能使其美名清名流芳百世。作者不仅公开宣称“我欲学好人，一生学不会”，而且号召自己的宗族亲友都要做终生向善的好人，“愿与我宗族，同附好人类。一切好人事，一切休违背。不枉做场人，替天出口气”，人生在世即是缘，“百年一去永不还，休做恶人涴世间”，千万不要去做违背天道和伦理纲常的事情，以免成为遗臭万年之人，永远被世人所唾骂。

可以这样说，作为一位典型的封建社会后期的中上层官员，吕坤最感人的地方不是他为普通的黎民百姓做了多少件实实在在的事情，而是他身处大明帝国日薄西山的社会环境中仍然胸怀国家、心忧民生的眼界和胸怀。当世间万物尽在心底的时候，即便是身处宁陵一隅，吕坤照样会放眼中原、放眼中国，从一个更高的角度去俯视芸芸众生，他所做的每一件事情大都沿着时代发展的潮流大势前行，既有高屋建瓴的宏观规划，又有细致入微的具体决策，既有致君尧舜的儒家情怀，又有不忘初心的自我鞭策，即便偶尔也会不可避免地出现个人理想与社会现实无法融合的矛盾，但从他的一举一动、一言一行、一悲一喜之中，可以看到吕坤在风雨飘摇中蹒跚前行的坚定身影，可以看出吕坤悲天悯人的一腔热情，可以看清吕坤与人为善的行为方式。

中国古代的德治思想内涵丰富，尤以培养《礼记·大学》中所提倡的“修身齐家治国平天下”的正人君子为主要目标，包含了治国理政、社会文化、礼制风俗、教育思想等内容，体现出传统儒家人文精神的基本价值取向。晚明时期也出现了一股编纂经世文的风潮，大致表现出明末复杂多变的政治环境、举步维艰的社会形势、纷纭繁复的人事纷扰以及文人士大夫的治政理想。在这股席卷明清两朝的风潮中，吕坤以其心忧社稷苍生的儒家情怀和特立独行的行为方式脱颖而出，成为影响深远、彪炳史册的中州名宦乡贤。

一、自撰墓志胸襟宽

吕坤一生行事光明磊落，强调“人事即是天命”，致力于经世致用方面内容的开拓。他在《杨晋庵文集序》中对当时学界的不良风气进行了简要分析，指出当时的讲学家为世人所诟病的地方主要表现在“伪”和“腐”两个方面，其中“伪者，行不顾言；腐者，学不适用”，自称因为担心出现言行不一或言不符实的情况，即“吾之言然而行不然，是吾言世之射的也；口坠天花而试之小小设施辄不济，是吾言世之涂羹也”，所以“不敢以讲学自任，而惟以无学自修"[①]。

吕坤性情峭直，胸襟宽广，去世前自撰《墓志铭》，自称"居官持法而情凉，居家义胜而恩薄"，"奉先君'天理'两字于膺堂，毕此生不敢失坠，则君所自信者也"。一旦认定的事情，就要"坚守一说，屹屹不为动"，不会为了爱惜自己的身体而屈服于人，而是"将一寸丹心献之上帝，任其校勘平生；将两肩重担付之同人，赖其挽回世道"[②]。

吕坤去世前，就已经将其身后之事一一安排清楚，称"君以万历四十六年六月初八日卒，葬宁原东南第一世第二穴"，要求家人将其著作《家礼翼》《家礼疑》《去伪斋语》《闺范》《安民实务》《交泰韵》等刊行于世的著作悉数焚烧，遗命丧葬一切从简，"衣衾仅周身，不重袭；枕附以经史，不敛财含。一毫金珠不以入棺，一寸缣帛不以送葬"等，至于"状、碑、传、表，丧家首所汲汲，儿辈无然，善恶在我，毁誉由人，盖棺定论，无借于子孙之乞言耳"，而且还要求"无卖我必留书，无拂我生平意。违我一言，是为不孝"[③]，用特立独行的行为方式来传达自己的思想理念。

明末清初理学大家孙奇逢对吕坤"守正不阿"的风骨非常赞赏，称其"家居四十年，自奉俭约，不置生产，惟日与门弟子论讲不辍，有负笈千里来者，咸称沙随夫子云"[④]，并引用吕坤"六经者，天地万物之史；天地万物者，六经之案也，而总寄之圣人。圣人之心，道之府也；圣人之身，道之舆也；圣人之言，道之钥也。天地以道铸圣人，圣人以道铸天下"等观点[⑤]，得出"众人其初非与圣人远也，潜滋已久，不觉自移，

---

① 〔明〕吕坤：《去伪斋集》卷三《杨晋庵文集序》，北京：中华书局2008年版。

② 〔明〕吕坤：《去伪斋集》卷九《自撰墓志铭》，北京：中华书局2008年版。

③ 〔明〕吕坤：《去伪斋集》卷九《自撰墓志铭》，北京：中华书局2008年版。

④ 〔清〕孙奇逢：《中州人物考》卷一《理学》"吕侍郎"条，《四库全书》本。

⑤ 〔清〕孙奇逢：《中州人物考》卷一《理学》"吕侍郎"条，《四库全书》本。

故舜跖只争一念”的结论[①]，意在说明吕坤非常重视对自身修养的提升完善和对普通百姓的日常教化，从中也可以看出时人对吕坤思想品格和行为规范的推崇程度。

二、穷理尽性最醇正

吕坤对理学思想有着自己的深刻理解。如《呻吟语》卷一《伦理》把朝常、官常、家常、身常几个有一定联系的概念放在一起加以比较，认为“朝廷之上，纪纲定而臣民可守，是曰朝常。公卿大夫百司庶官各有定法，可使持循，是曰官常。一门之内，父子兄弟、长幼尊卑各有条理，不变不乱，是曰家常。饮食起居、动静语默，择其中正者守而勿失，是曰身常。得其常则治，失其常则乱，未有苟且冥行而不取败者也”[②]，较为清晰地表达出自己的观点，也有助于读者的理解把握。同卷《谈道》条则用镜子做比喻，说明“君子不可以无友”的道理：“终身不照镜，终身不认得自家。乍照镜，犹疑我是别人，常磨常照，才认得本来面目。故君子不可以无友。”[③]

在论及五种封建伦理道德规范时，吕坤引经据典，多方探讨，深入浅出地说明了相关问题，其文曰：

> 友道极关系，故与君父并列而为五，人生德业成就，少朋友不得。君以法行，治我者也。父以恩行，不责善者也。兄弟怡怡，不欲以切偲伤爱。妇人主内事，不得相追随。规过，子虽敢争，终有可避之嫌。至于对严师，则矜持收敛而过无可见。

---

① 〔清〕孙奇逢：《中州人物考》卷一《理学》“吕侍郎”条，《四库全书》本。

② 〔明〕吕坤：《呻吟语》卷一《伦理》，北京：中华书局2008年版。

③ 〔明〕吕坤：《呻吟语》卷一《谈道》，北京：中华书局2008年版。

在家庭，则狎昵亲习而正言不入。惟夫朋友者，朝夕相与，既不若师之进见有时、情礼无嫌，又不若父子兄弟之言语有忌。一德亏则友责之，一业废则友责之，美则相与奖励，非则相与匡救。日更月变，互感交摩，骎骎然不觉其劳且难，而入于君子之域矣。是朋友者，四伦之所赖也。嗟夫！斯道之亡久矣，言语嬉媟，尊俎妪煦，无论事之善恶，以顺我者为厚交；无论人之奸贤，以敬我者为君子。蹑足附耳，自谓知心；接膝拍肩，滥许刎颈。大家同陷于小人而不知，可哀也已。是故物相反者相成，见相左者相益。孔子取友曰"直""谅""多闻"，此三友者，皆与我不相附会者也，故曰益。是故得三友难，能为人三友更难。天地间不论天南地北、缙绅草莽，得一好友，道同志合，亦人生一大快也。[①]

吕坤的学术思想在明清时期已经引起不少关注。如明末河南提学副使汪永瑞在《吕沙随先生祠记》中详细追溯了吕坤理学思想的发展脉络，认为：

盖学者之于吕先生，以为其学与程先生同而又过之也。夫正学之不明于天下矣。汉承秦灭学之后，诸儒推六艺于散缺不全之余，其表章之功大矣，然而未醇也。汉之东以迄于三国，士之生其时者，往往喜立名节，识去就之分，可谓能自立矣。然而六艺之旨，犹未大彰明较著也。自是以降，放达于二晋，淫靡于六朝，通脱于唐，废佚于五代。士于时因其变化，亦能立事立功，而求至于圣贤之域者，则概乎未有闻也。宋仁庙以后，富、韩、范、欧之德行功业炳焉焕焉矣。然犹待乎周、程、张、朱诸儒出，而后先王六艺之旨，始大明于天下。自元及明，

① 〔明〕吕坤：《呻吟语》卷一《伦理》，北京：中华书局2008年版。

能起而修明之者，数人而已。然而程先生既奋兴于宋，吕先生复继起于明[①]。

这篇祠记给予吕坤高度的评价和赞誉。

吕坤的理学思想已经达到学宗程朱的高度，即使因故致仕之后，朝堂之上仍有多位大臣多次举荐吕坤，遗憾的是万历皇帝却一直不予采纳。清初三大儒之一孙奇逢对吕坤也十分仰慕，自称弱冠时就听说过吕坤的大名，指出“时公为少司寇，家居，天下冀其一出，以奏平明之治，而公竟不出。公惟不出，而天下益高之”，认为其学问之特色在于“公之学曰穷理尽性，以至于命，直接子思、子舆之传，有宋诸儒未之或先”[②]，强调其学问之精深和影响之深远已经达到这种程度，至于能不能得到当政者的重用又有什么关系呢？又有什么可遗憾的呢？

三、济时亲民为龟鉴

从万历二年（1574）秋到万历二十五年（1597）因病乞归，吕坤经历了二十三年的仕宦生涯。他先后辗转于山西、北京、山东、陕西等地，历任山西潞安府襄垣县知县、大同县知县、吏部文选司主事、吏部考功司郎中、吏部文选司郎中、山东济南道右参政、山西按察使、陕西右布政使、陕西乡试提调官、右佥都御史巡抚山西、都察院左佥都御史、刑部右侍郎等职，卒赠刑部尚书，给后人留下了一段佳话。

吕坤《实政录》卷一《明职》的相关记载，正展现出吕坤济时亲民的一贯作风：“科甲中人，非泽可远施而道可大行者乎？小而郡邑，肯

---

① 《宁陵县志》卷六一《艺文志》。同时可见汪永瑞：《朱坤全集》中附录三《吕沙随先生祠记》，北京：中华书局2008年版。

② 〔清〕孙奇逢：《中州人物考》卷一《理学》“吕侍郎”条卷末，《四库全书》本。

造福于万民，何事不可行？大而台省，肯建白于天下，何志不得遂？极之而八座九列，肯留心于社稷苍生，何功不可树？”[①]同时又指出，“夫贤者树名节、砺行检，彬彬有人”，并借用古语“士君子在朝美政，居乡善俗”，“出为名宦，入为乡贤”，指出那些“衣冠名器，岂为恶之资邪”，身为科甲出身之人，怎能去犯那些“负国殃民之罪”，怎能去做那些“树坊揭扁以招人指骂”的事情呢？[②]所以赵文炳称赞他“居恒慨然以天下为己任，一念民胞物与，真可盟幽独而格鬼神者”[③]。明末清初文坛领袖钱谦益亦称吕坤“讲究经济实学，皆可施行”[④]。吕坤无论是在铨部操人伦之鉴，还是在外补时安百姓之政，都体现出济时亲民的施政特色，堪称“道可济时，书堪觉世，实足树儒林之圭臬，绍理学之宗传”的典范[⑤]。

四、从祀文庙美名扬

清道光六年（1826），礼部为提请吕坤从祀孔庙呈进的那篇奏疏，代表着清代官方对吕坤的综合评价，内容很丰富，评价很中肯。其文略曰：

> 查《明史·吕坤传》，籍隶宁陵，由万历二年进士为襄垣、大同令，政治严明，培养士气。内擢部曹，洊升佥都御史，巡

① 〔明〕吕坤：《实政录》卷一，北京：中华书局2008年版。

② 〔明〕吕坤：《实政录》卷一，北京：中华书局2008年版。

③ 〔明〕赵文炳：《赵文炳新吾吕先生实政录序》，《吕公实政录》卷首，故宫博物院图书馆藏明万历二十六年赵文炳刻本。

④ 〔清〕钱谦益：《列朝诗集小传》，上海：上海古籍出版社1983年版。

⑤ 〔清〕程祖洛等：《奏请明臣吕坤从祀文庙折》，《去伪斋集》卷首，清道光六年开封府署刻本。

抚山西。历刑部侍郎，刚正无少畏避，其《忧危》一疏数千言，炳炳烺烺，痛切指陈，传赞称其“切中时弊，鲠亮足称”。居家与后进讲学，严性命理欲之辨，综天道人事之宜。所著《呻吟语摘》，采入《四库全书》，钦定提要称其“不侈语精微而笃实以为本，不虚谈高远而践履以为程”，绝无朱陆末流放浪迂腐之病。陈宏谋序称其于省察、克治、修己、治人之要，皆从人情物理中推勘而出，眼前指点，触目刿心。此外如《夜气录》《省心纪》《道脉图》《四礼翼》《去伪斋集》《实政录》诸著述，均能阐明正学，扶持伦常，贯穿古今，实济时用。惟《四礼疑》一书未免疏于考典，轻于议古，然系通儒一端之蔽，于人品、学术并无所损。臣等伏考欧阳修不信《系辞》，司马光尝疑《孟子》，王柏、吴澄辈于六籍经文尤多疑义，今皆从祀孔庙。初不以意见之偶偏掩其生平之实学。坤此书之失正与相等。其他著作皆纯正悫实，无可訾议。综厥生平，为学主于存诚，立言本乎心得，服官行已无愧古人，继往开来，有功圣学。以天地民务为己任，别舜跖善利之分途，道可济时，书堪觉世，实足树儒林之圭臬，绍理学之宗传。应如该抚（按，指时任河南巡抚程祖洛）等所奏，准其从祀文庙西庑，在明臣蔡清之次，以崇实学而阐真修，使天下士子共知步趋，勉敦学行，于世教人心大有裨益。[1]

道光七年，河南巡抚程祖洛为新刊刻的《吕子遗书》撰写序文，称“先生理学、经济其不尽展于当时，而笔之于书者，犹得以光耀于盛清，而衍其教于无纪极”[2]，对吕坤在性理之学和经济之才方面的成绩非常肯

① 《吕子遗书》卷首，清道光七年栗毓美刻本。

② 〔清〕程祖洛：《吕子遗书序》，见《吕子遗书》卷首，清道光七年栗毓美刻本。

定，高度称赞其因在学术和事功上的深远影响而入祀孔庙是实至名归。

五、沙随夫子古今传

吕坤为人处世持正不阿，爱惜名节，在修齐治平等方面严格要求自己，不断完善自己，每有新颖之言论、创意之行动。

在思想上，他宣称“旧者吾旧，新者吾新。新旧之来，丧我本真。力旧新去，还吾旧旧。旧旧若还，了无先后。月旧于云，鉴旧于尘。云与尘去，月鉴如新。我鉴既洁，既皎我月。本体复还，新邪旧邪”[①]，表现出不断自我调整、自我完善、自我提升的达观心态。

在行动上，他一贯坚持遵章守纪，强调“朝廷法度是该遵守底，圣贤言语是该听信底，鬼神阴谴是该恐惧底，乡邦公议是该畏忌底”[②]，认为“爱惜名节，自是居官正理；茔石戒贪，是我初仕誓辞”[③]，倡导“行道济时人顾不得爱身”的士大夫精神。

他在《呻吟语·品藻》中提出“士有三不顾”的说法，即“行道济时人顾不得爱身，富贵利达人顾不得爱德，全身远害人顾不得爱天下”，把自古以来的士大夫队伍分为三种：第一种是行道济时的君子，即孟子所说的那些可以杀身以成仁的义士，他们的性格特征是“富贵不能淫，贫贱不能移，威武不能屈”；第二种是富贵利达的小人，即那些为追求功名富贵而不择手段甚至祸国殃民之人；第三种是全身远害的隐士，他们为保全自己的性命而选择远离危险，隐居世外，过着闲云野鹤般的悠闲生活，哪里顾得上关心爱护饱受摧残的芸芸众生和穷苦百姓呢。

---

① 〔明〕吕坤：《去伪斋集》卷七《新吾箴有序》，北京：中华书局2008年版。

② 〔明〕吕坤：《去伪斋集》卷七《身箴四》，北京：中华书局2008年版。

③ 〔明〕吕坤：《去伪斋集》卷七《展城或问》，北京：中华书局2008年版。

在著述上，他强调“亘古今，惟真是真非不可磨灭，伪则难久”，所以他在参与编纂《宁陵县志》时，言称“其人、其风物、其山川形胜、其古今封域沿革、盛衰美恶，不可饰也”[①]，在众多博士及宿儒诸君子都固辞不许的情况下，吕坤“直是事实据之古今闻见，褒贬公之国人，尚无愧于所谓直者与”[②]，最终以莫大的勇气为家乡提供了一部可信、可辨、可传的信史。

在交游上，他与那些慷慨刚直之士交往颇多，认为“君子之交以相益也”，并把“与人处而不受其益，与人处而无益于人”这两种情况当作朋友之道的耻辱[③]。他与永城胡锦屏、李孺野等“一世人豪”一见如故，“欢款若平生。孺野为余下榻，而锦屏于余抵足眠者弥月，道义切磋，情好绸缪，由然三姓同胞云”[④]。

在作风上，他学务笃实，无怨无悔，提醒自己要时刻“扩那浅狭底心，定那浮躁的心，降那骄傲底心，止那贪求底心”[⑤]，即便后来隐居乡间二十余年始终得不到万历皇帝的重新任用，仍以“去伪”二字命名书斋，编撰而成《去伪斋集》若干卷，“其言平实简约，树骨于训典之区，取材于旷衍之路，而归根于平淡精实，登堂入室，凑泊古儒先之辙”[⑥]，在平淡自然的岁月里追寻生存的意义，追寻生活的真谛，追寻生命的境界。

---

① 〔明〕吕坤：《去伪斋集》卷三《宁陵县志跋》，北京：中华书局2008年版。

② 〔明〕吕坤：《去伪斋集》卷三《宁陵县志跋》，北京：中华书局2008年版。

③ 〔明〕吕坤：《去伪斋集》卷四《与吴伯与绝交书》，北京：中华书局2008年版。

④ 〔明〕吕坤：《去伪斋集》卷八《胡锦屏传》，北京：中华书局2008年版。

⑤ 〔明〕吕坤：《去伪斋集》卷七《身箴四》，北京：中华书局2008年版。

⑥ 〔明〕朱国祯：《朱国祯去伪斋集序》，《吕坤全集》下册“附录二”，北京：中华书局2008年版。

参考文献

(一)古籍类

〔汉〕班固撰:《汉书》,北京:中华书局,1962年版。

〔魏〕何晏集解,〔梁〕皇侃义疏:《论语集解义疏》,《丛书集成初编》本。

〔后晋〕刘昫等撰:《旧唐书》卷一一三《裴遵庆传》,北京:中华书局,1975年版。

〔宋〕张载著:《张载集》,北京:中华书局,1978年版。

〔宋〕陆九渊著,钟哲点校:《陆九渊集》,北京:中华书局,1980年版。

〔宋〕朱熹撰:《四书章句集注》,北京:中华书局,1983年版。

〔宋〕朱熹编,〔清〕张伯行集解:《近思录》,《丛书集成初编》本。

〔元〕脱脱等撰:《宋史》,北京:中华书局,1977年版。

〔元〕脱脱等撰:《金史》,北京:中华书局,1975年版。

〔明〕朱元弼撰:《礼记通注》,《丛书集成初编》本。

〔明〕刘昌辑:《中州名贤文表》,书目文献出版社影印本。

《明神宗实录》,台北:"中央研究院"历史语言研究所,1962年版。

〔明〕宋濂等:《元史》,北京:中华书局,1976年版。

〔明〕杨廉著:《皇明理学名臣言行录》,台湾:明文书局影印本。

〔明〕王阳明:《王阳明全集》,上海:上海古籍出版社,1997年版。

〔明〕李廷机:《李文节集》,台北:文海出版社,1970年影印明崇祯年间刻本。

〔明〕王艮著:《王心斋先生集》,清宣统二年袁承业刻本。

〔明〕吕坤著:《吕新吾全集》,明万历至清光绪年间递修本。

〔明〕吕坤著，王国轩、王秀梅整理：《吕坤全集》，北京：中华书局，2008年版。

〔明〕吕坤著：《去伪斋集》，清道光年间开封府属雕版刻本。

〔明〕吕坤著：《吕公实政录》，《四库全书存目丛书》本。

〔明〕吕坤著：《呻吟语》，清道光年间开封府属雕版刻本。

〔明〕吕坤著：《呻吟语》，民国23年巩县刘振华刻本。

〔明〕吕坤著：《呻吟语》，《四库全书存目丛书》本。

〔明〕吕坤著：《吕新吾先生闺范图说》，清华大学图书馆藏明吕应菊刻本。

〔明〕李贽著：《藏书》，北京：中华书局，1959年版。

〔明〕李贽著，张光澍点校：《续藏书》，北京：中华书局，1959年版。

〔明〕刘宗周著，董玚编次：《刘子全书》，清道光十五年刻本。

〔明〕陈子龙等编：《明经世文编》，中华书局影印本。

〔清〕阮元校刻：《十三经注疏附考证》，中华书局影印本。

〔清〕傅以渐，曹本荣撰：《易经通注》，《丛书集成初编》本。

〔清〕张廷玉等：《明史》，北京：中华书局，1974年版。

〔清〕永瑢等：《四库全书总目》，北京：中华书局，1965年版。

〔清〕谷应泰：《明史纪事本末》，北京：中华书局，1977年版。

〔清〕孙奇逢：《中州人物考》，文渊阁《四库全书》本。

〔清〕黄宗羲：《明儒学案》，北京：中华书局，1985年版。

〔清〕陈鼎：《东林列传》，南京：江苏广陵古籍刊印社影印本。

〔清〕阿思哈、嵩贵纂修：《续乾隆河南通志》，台湾：文渊阁四库全书影印本。

〔清〕陈锡辂：《归德府志》，清光绪十九年刻本。

〔清〕王图宁：《宁陵县志》，清光绪十九年刻本。

〔清〕钱谦益：《列朝诗集小传》，上海：上海古籍出版社，2008年版。

（二）著作类

嵇文甫著：《晚明思想史论》，北京：东方出版社，1996年版。

费孝通著：《乡土中国》，北京：人民出版社，2008年版。

余英时著：《中国思想传统的现代阐释》，南京：江苏人民出版社，2006年版。

余英时著：《士与中国文化》，上海：上海人民出版社，2003年版。

郑涵：《吕坤年谱》，郑州：中州古籍出版社，1985年版。

仓修良：《方志学通论》，济南：齐鲁书社，1990年版。

商传：《明代文化志》，上海：上海人民出版社，1998年版。

周振甫：《文心雕龙今译》，北京：中华书局，2000年版。

马涛著：《吕坤评传》，南京：南京大学出版社，2011年版。

马涛著：《吕坤思想研究》，北京：当代中国出版社，1993年版。

葛兆光著：《中国思想史》，上海：复旦大学出版社，2001年版。

杨艳秋著：《明代史学探研》，北京：人民出版社，2005年版。

解扬著：《治政与事君》，北京：三联书店，2011年版。